KELLERFÜHRER II

Keller und Biergärten in den Kreisen Erlangen und Forchheim (mit Fränkischer Schweiz)

Peter Sem

Titelseite: Kellerhaus des "Lindenkellers" in Kirchehrenbach

FÜR MEINE FAMILIE

Ohne deren liebevolles Verständnis und tatkräftige Unterstützung wäre die Erstellung dieser Broschüre nicht möglich gewesen.

Eine Kellerbrotzeit: Hier zwar einfach, aber lecker!

1. Auflage 1989.

Fotos und Texte: Peter Sem. Druck: Bussard, Gundelsheim.
Satz und Layout auf Apple-Mac II mit Programm Ragtime
(Apple und Ragtime sind geschützte Warenzeichen).

EINLEITUNG

Ist Ihnen das auch schon passiert? Man packt mühsam seinen Brotzeitkorb, verstaut "Kind und Kegel" im Wagen und fährt erwartungsvoll mit bester Laune in Richtung Keller. Auf jedem Kilometer wächst der Bierdurst, ja, wird zur Qual. Doch schon ist die Oase in Sicht, ein schattiges Plätzchen unter Laubbäumen, wohlbestückt mit Fässern voll kühlem Gerstensaft. Doch welch böses Erwachen aus diesen Tagträumen vom Schlaraffenland: "*Heute* Ruhetag"!! Die eben noch beste Laune vergeht gleich einer platzenden Seifenblase. Kinderproteste, Vorwürfe (das hättest Du doch wissen müssen...!!). Unschlüssigkeit. Was jetzt tun, wohin? Betretenes Schweigen, Ratlosigkeit!

Dutzenden von solchen Eigenerfahrungen entsprang die Idee, eine "Kellerkartei" anzulegen. In einem Schulheft war schnell der Anfang gemacht. Nach Ortsnamen und Bezeichnung des Kellers/Biergartens folgten alle wichtigen Daten wie Öffnungszeiten und Ruhetage, Brotzeitangebot und Biersorte. Meinen heranwachsenden Kindern verdanke ich Hinweise auf Spielgelegenheiten oder sonstige Kurzweil-einigen schweißtreibenden Erlebnissen (vor allem meiner Frau) Hinweise auf eventuell vorhandene Gefahrenpunkte.

Kein Wunder, daß sich das Heft schnell füllte. Schließlich war ich wissbegierig und wollte Abwechslung von allzu "eintönigem" Kellerleben. Tips von Bekannten und Freunden wurden getestet, "Eigenforschungen" (Kellerologie) angestellt. Gerade diese brachten bei den Arbeiten am vorliegenden "Kellerführer II" überraschende Erlebnisse. So stellte sich ein "bildschöner Biergarten" in Form einiger Klappstühle auf einer Wiese (mit kümmerlicher Jungbirke) vor. Bei einem angeblich "uraltem und stets gut besuchtem" Keller fand ich durch Befragung von Nachbarn heraus, daß dieser bereits über 10 Jahre nicht mehr bewirtschaftet wurde!! Entdeckte ich jedoch einen bis dahin noch unbekannten, freute ich mich doppelt! Der nützliche Nebeneffekt bei all diesen Arbeiten: ich lernte zwei mir bis dahin weniger bekannte Landkreise samt seinen -oft bemerkenswert freundlichen und hilfsbereiten- Einwohnern besser kennen - und lieben!

Lediglich mit einigen Wirten hatte ich so manche Startprobleme. Der eine gab sich netterweise als "Angestellter" aus und "könne mir kaum Auskunft geben,da der Chef nicht anwesend sei".Zwei andere drohten gleich mit einem Anwalt, da ich doch sicher auch für das Werk XYZ zuständig sei (glücklicherweise nicht)! Aber selbst diese beiden boten anschließend ein Versöhnungsbier an, das bestens schmeckte.

Was erwartet nun den "Kellerologen" in den beiden von mir bereisten Landkreisen? Auf jeden Fall zahlreiche traumhaft gelegenen Keller und Biergärten in stark unterschiedlicher -aber schöner- Landschaft. Der Besucher kann zwischen den meist stark von Touristen frequentierten Lokalitäten der Fränkischen Schweiz-, den teils paradiesisch ruhigen des Aischgrundes oder dem quirligen Treiben bei den bekannten Volksfesten wählen-ganz nach Lust und jeweiliger Laune! Auf meinen über 2000km. langen Erkundungstouren war ich nur dann erstaunt, wenn ich bildschöne Keller in reizender Landschaft fand, die mangels Interesses der Inhaber nicht oder nur selten bewirtschaftet werden. Aber vielleicht gibt es in einer eventuellen Folgeauflage von "Reaktivierungen" zu berichten?

Es bleibt zu hoffen, daß ich durch meine Kellerfahrten manche Tips und Anregungen für gelungene Ausflüge oder Brotzeiten weitergeben kann. Für Wünsche, Anregungen, Verbesserungsvorschläge oder auch Meldung von mir bislang unbekannten Kellern und Biergärten wäre ich Ihnen sehr dankbar!

Nun wünsche ich Ihnen und mir selbst, daß der Wettergott ein Einsehen mit uns Franken hat und einige Sonnenstrahlen über Biergärten und Keller verteilt. Dem Himmelsboten Aloisius käme die Aufgabe zu, manchem Wirt die Eingebung zu überbringen, daß sein lange ungenutzter Sommerkeller doch nicht nur als Rumpelkammer oder Wäschetrockenplatz dienen möge. Allen aktiven Wirten hingegen wünsche ich beste Gesundheit und brauchbare Umsätze, damit sie uns noch lange in frischer Luft mit einer kühlen Maß versorgen können.

Ihr Peter Sau

Inhalt

Noch genutzter Lagerkeller (Glocken-Keller/Forchheim)

Entstehung der Bierkeller

War früher das obergärige Bier wegen nur kurzer Haltbarkeit zum raschen Verbrauch bestimmt, so änderte sich das einschneidend mit der Erfindung des Untergärigen (erstmals 1474 in der Nabburger Chronik erwähnt). Dieses Bier war mit 9-10 Monaten möglicher Lagerzeit wesentlich länger haltbar.

Ein Problem der damaligen Zeit bestand in der kühlen Lagerung des begehrten Gerstensaftes. Im Winter bereitete dies keine Schwierigkeiten, im Sommer hingegen wird selbst in alten Gerichtsakten von saurem Bier berichtet und der Brauer haftbar gemacht. Man sann also auf Abhilfe, zumal die Lagerkeller unter den Brauereigebäuden oft sowieso nur begrenzt aufnahmefähig waren.

Fast eine Ideallösung bot sich durch den Bau von Lagerstollen in Berg- oder Böschungshängen. Vor allem die in Stein vorgetriebenen zeichneten sich durch eine gleichmässig kühle Temperatur zu allen Jahreszeiten aus, was für die Einlagerung besonders günstig war. Zweckmässigerweise legte man diese, soweit möglich, noch auf der sonnenabgewandten Nordseite ein. Schattenspendende Bäume wurden -sofern nicht schon vorhanden- zur weiteren Kühlhaltung angepflanzt. Kein Wunder, daß solche meist ausserhalb der Ansiedlungen gelegenen Plätzchen auch für unsere Vorfahren Anziehungspunkte waren, zumal das mit Pferd und Wagen mühsam zum Keller gebrachte und eingelagerte Bier gleich "ab Keller" ausgeschenkt wurde! Unsere noch heute bestehenden Bierkeller waren geboren.

Damit war in Oberfranken der Grundstein für den weiteren Siegeszug des Bieres gelegt. War vielerorts der Wein das übliche Sommergetränk (in Bamberg zum Beispiel bestanden im Jahr 1831 neben 62 Brauereien noch 40 Weinschänken auf Stadtgebiet), so wurde er bald vom Bier abgelöst.

Einen regelrechten "Kellerboom" verzeichnete man etwa um das Jahr 1830 und später. Wanderungen breiter Bevölkerungsschichten endeten häufig beim Kellerwirt oder führtem auf schnellstem Wege dorthin. So ist es verständlich, daß im Jahr 1835 geschäftstüchtige Wirte ihre Kundschaft gleich per "Zeiselwagen" von der benachbarten Stadt abholten. Viele Zeitungsanzeigen warben für den Kellerbesuch. Ja, die

Redaktion des "Bamberger Tagblattes" richtete 1838 sogar ein "Felsenkeller-Anfrage-Büro" ein. Kein Wunder, daß ein zeitgenössischer Chronist stöhnte, "die Bierkeller seien das Hauptanliegen der Bamberger!"

Wachsender Konkurrenzdruck brachte ständig neue Ideen zur Gäste-Anlockung und -Unterhaltung. Kegelbahnen wurden gebaut (teils noch heute in Betrieb), Schießbuden aufgestellt oder regelrechte Schießstände (z.B. in Forchheim-als Geburtshelfer des Annafestes) errichtet. Später kam der Bau von Musikpavillons hinzu.

Doch jede Blütezeit neigt sich irgendwann einem Ende zu. Bestanden 1840 noch 63 Sommerkeller auf Bamberger Stadtgebiet, so waren es bis zur Jahrhundertwende nur noch 35. Ein regelrechtes Kellersterben brachte der 1. Weltkrieg mit sich. Kriegsfolgen und Weltwirtschaftskrise reduzierten den Bestand auf gerade noch 11 im Jahr 1934. Ähnlich sah es auch im Umland aus. Noch heute lassen sich viele stillgelegte Anlagen in freier Natur feststellen.

Dennoch ist das Gebiet um Bamberg bis Erlangen als Sommerkeller-Region fast konkurrenzlos. Es läßt sich jedoch gerade in letzter Zeit feststellen, daß steigende Beliebtheit und wachsender Gästestrom eine Reaktivierung längst stillgelegter Keller mit sich brachte.

Diese Neuorientierung hält an und bringt manchen Wirt zur Überlegung, wie die Attraktivität seines Wirtschaftsbetriebes weiter gesteigert werden kann. Familiengerechte Verbesserungen mit der Anlegung kleiner Spielplätze sind z.B. eine Möglichkeit, gestresste Eltern als neue Stammgäste an sich zu binden. Einige merkwürdige Blüten bringt dies aus meiner Sicht zwar auch hervor-aber das mag vielleicht nur meine einseitige Meinung sein, weswegen ich eine Beurteilung lieber Ihnen überlasse!

Kellertips, für Anfänger und Fortgeschrittene.

Auswärtigen Besuchern und "Neubürgern" sieht man direkt das Fragezeichen an, wenn zum Kellerbesuch geladen wird. Ein solcher Besuch wäre in anderen bundesdeutschen Landen -ganz im Sinne der dortigen Bedeutung des Wortes "Keller"- wohl kaum eine Attraktion. Wer würde sich schon zwischen Heizöl und Kartoffeln wohlfühlen?

Ganz anders bei uns im Frankenland! Einen schönen Sommertag vorausgesetzt, läßt es sich "auf'm Keller" recht gut leben. Natürlich sitzt man dort mit Direktanschluß zur Natur. Vielleicht haben Sie das Glück, einem Vogel beim Nestbau zuschauen zu können - dafür erfreut er Sie mit einer "Ladung" auf Ihr Sonntagshemd! Doch hat dies den unschätzbaren Vorteil, daß der in geschlossenen Wirtschaftsräumen übliche Dunst erst gar nicht entstehen kann - er zieht einfach nach oben ab! Auch eine muntere Kinderschar hört sich hier viel weniger "bedrohlich" an. Schließlich wird einige Abwechslung und Freiraum geboten.

Einiges "kellerspezifische" sollten Sie beachten! Daher merke:

1. Gewitter kommen meist schneller als man denkt - manchmal ohne vorherige Ankündigung im Wetterbericht!
2. Eine Mücke kommt selten allein. Wespen hört man wenigstens!
3. Bierfilze sind besser auf- als unter dem Bierkrug aufgehoben, auch wenn sie manchmal einen "muffigen" Geschmack verursachen. Profis verwenden natürlich Holzdeckel (siehe Seite 156)! Man sichert sich auf jeden Fall gegen Überraschungseinlagen von oben!
4. Keller sind keine 5-Sterne-Lokale. Aber egal, ob in punkto Küche oder sanitäre Einrichtungen: Wirte sind schon aus Eigeninteresse um bestmögliche Lösungen bemüht. Behörden tun ein übriges durch regelmässige Kontrollen und Bestimmungen.

Auf Keller können Sie Ihre eigene Brotzeit oft gleich mitnehmen, sofern Sie den zünftigen Brotzeitgenüssen der Kellerwirte widerstehen wollen. Urgemütlich wird's oft dann, wenn Sie aus eigenem Brotzeitkorb mit einer Tischdecke (für Franken: rot/weiß kariert, für sonstige Bayernanhänger weiß/blau) für Farbtupfer und Abwechslung sorgen.

Bier gibts meist direkt vom Faß per Selbstbedienung (teils auch Bedienung, siehe Hinweise). Manchmal sieht es der Wirt gern, wenn Sie geleerte Bierkrüge beim Aufbruch zurückbringen.

In Gärten mit angegliederter Wirtschaft ist die eigene Brotzeit nicht immer erwünscht. Dafür werden Sie dort von einer Bedienung bestens versorgt.

Erstaunen ruft bei "Uneingeweihten" oft unsere stimmschonende Art der Bierbestellung hervor: geleerten Krug quer auf den Tisch legen - schon rollt der Nachschub (eine aufmerksame Bedienung natürlich vorausgesetzt). Nach Sonnenuntergang natürlich weniger zu empfehlen!

Für ausgedehnte Kellerbesuche empfiehlt sich die Mitnahme einer wärmenden Jacke. Ein Abend auf dem Keller -noch dazu nach einem heißen Sommertag und einigen Bieren- ist immer für einen Schnupfen gut! Zur Standardausrüstung gehört auch ein Regenschirm. Meiner wurde noch nicht oft gebraucht, dafür manchmal besonders dringend!

Einen Verbesserungsvorschlag eines offenbar besonders fleissigen Kellergängers nach Veröffentlichung meines "Kellerführers I" habe ich allerdings nicht für das neue Werk aufgegriffen: Aufnahme von Übernachtungsadressen in Kellernähe.

Erklärungen

Bierkeller und -Gärten lassen sich nicht in ein Bewertungsschema pressen. Gehobene Lokalitäten und Hotels sind dafür besser geeignet. Daher habe ich versucht, von neutraler Warte eine reine Tatsachenbeschreibung in Stichpunkten vorzunehmen. Anderes hätte auch wenig Sinn. Dem einen mundet das Bier nur von Brauerei X, dem anderen schmeckt die Brotzeit vor allem bei Y, bei Z überhaupt nicht. Dem nächsten gehts genau umgekehrt. Diese Punkte überlasse ich allein Ihrem Selbststudium. Auch Wertungen habe ich fast gänzlich unterlassen - nur einige wenige wegen besonders lobenswerter Punkte konnte ich mir nicht verkneifen. Vielleicht mag dies auch Anregung für andere Wirte sein, für ähnliche Verbesserungen zu sorgen.

Aus Gründen der Objektivität habe ich es stets abgelehnt, Werbeanzeigen aufzunehmen, bestimmte Lokalitäten besonders hervorzuheben oder Honorare anzunehmen. Ein zufällig an meinem Besuchstag mit dem linken Fuß aufgestandener Wirt (vielleicht war der vorherige Abend dank lange ausharrender Gäste besonders anstrengend) ist für mich noch kein Grund, eine "Zitrone" zu verteilen. Ich hoffe dennoch, daß meine Broschüre nicht zu langweilig für Sie wird.

Sie finden den Namen der Wirtschaft links oben, den des Ortes, alphabetisch sortiert, rechts oben. Mit der Bezeichnung "K" wurden ursprünglich als Lagerkeller genutzte Anlagen versehen. Die mit "G" gekennzeichneten Gärten sind natürlich von der Lage her oft ebensoschön! Mit den Fotos habe ich versucht, einen ersten optischen Eindruck zu vermitteln. Als Laie auf diesem Gebiet bitte ich besonders bei den Profis um Nachsicht für vielleicht nicht immer optimale Bilder. Besonders möchte ich noch darauf hinweisen, daß viele Aufnahmen zwangsweise in den Nachmittagsstunden -also vor Beginn der üblichen Keller-Besuchszeiten- gemacht wurden. Leere Tische und Bänke sind in dieser Tageszeit normal und kein vernichtendes Urteil für einen Biergarten!

Alle anderen Angaben wie Öffnungszeiten, Ruhetage usw. halte ich für besonders wichtig und habe sie genauestens in Gesprächen mit den Wirten oder durch vorhandene Hinweisschilder ermittelt. Trotz sorgfältigster Bearbeitung kann ich jedoch für alle Angaben keine Gewähr übernehmen.

Abkürzungen/Symbole

Telefonnummer des Kellers/Gartens (* = der zugehörigen Wirtschaft bzw. Privatnummer des Inhabers/Pächters).

Öffnungszeiten bei "Kellerwetter". W = Werktags, F = Feiertags. Nicht alle Wirte halten sicher pünktlich an die selbst festgesetzten Öffnungszeiten!

Ruhetage.

Ist Öffnung vom Wetter abhängig?

Anfahrt per PKW. "Bbg." = aus Hauptrichtung Bamberg, "Nbg." = aus Hauptrichtung Nürnberg.

P Parkmöglichkeiten in Wirtschaftsnähe.

i Allgemeine Informationen über Lage (schattig/sonnig), Bestuhlung, eventuelle Beeinträchtigungen (z.B. Verkehrsgeräusche) usw.

Spielmöglichkeiten für Kinder, sofern vorhanden. Ausserdem wird hier auf mögliche Gefahrenpunkte hingewiesen.

Service: Bedienung oder Selbstbedienung.

Bier: Eigenbräu oder Fremdmarke (mit Namen).

Eigene Brotzeit? "Ja" = gestattet, "nein" = nicht erwünscht. "Möglich" = mit Einschränkungen/stillschweigend geduldet.

Brotzeit-Angebot des Wirtschaftsbetriebes.

Warme Speisen?

S Sonstige erwähnenswerte Punkte, Geschichte. Sitzplatzanzahl = grobe Schätzungen. Bei schönem Wetter werden häufig noch zusätzliche Garnituren aufgestellt.

T Tips, z.B. für Ausflugs- oder Besichtigungsziele in der näheren Umgebung.

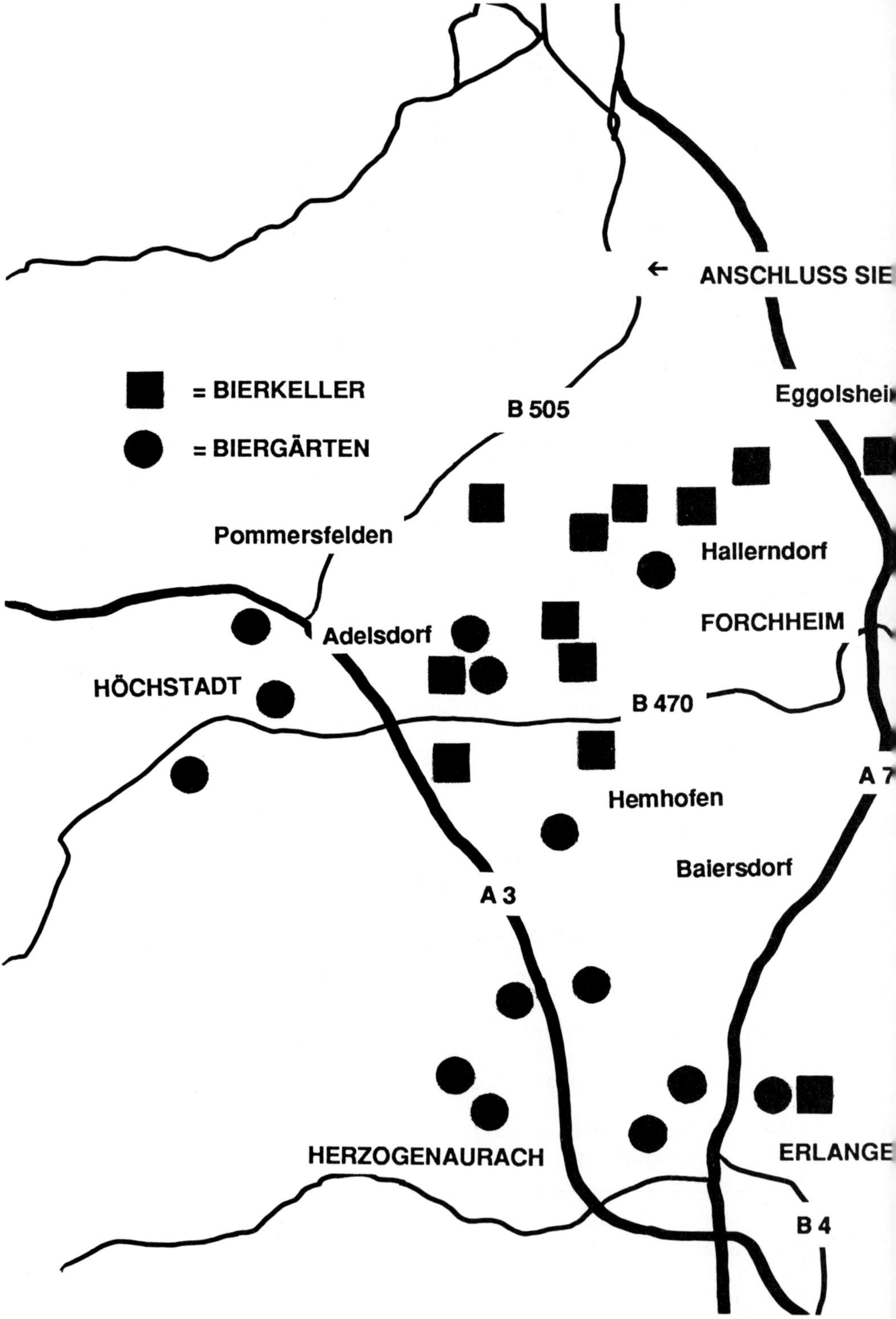
ANSCHLUSS SIE
= BIERKELLER
= BIERGÄRTEN
B 505
Eggolshei
Pommersfelden
Hallerndorf
FORCHHEIM
Adelsdorf
HÖCHSTADT
B 470
A 7
Hemhofen
Baiersdorf
A 3
HERZOGENAURACH
ERLANGE
B 4

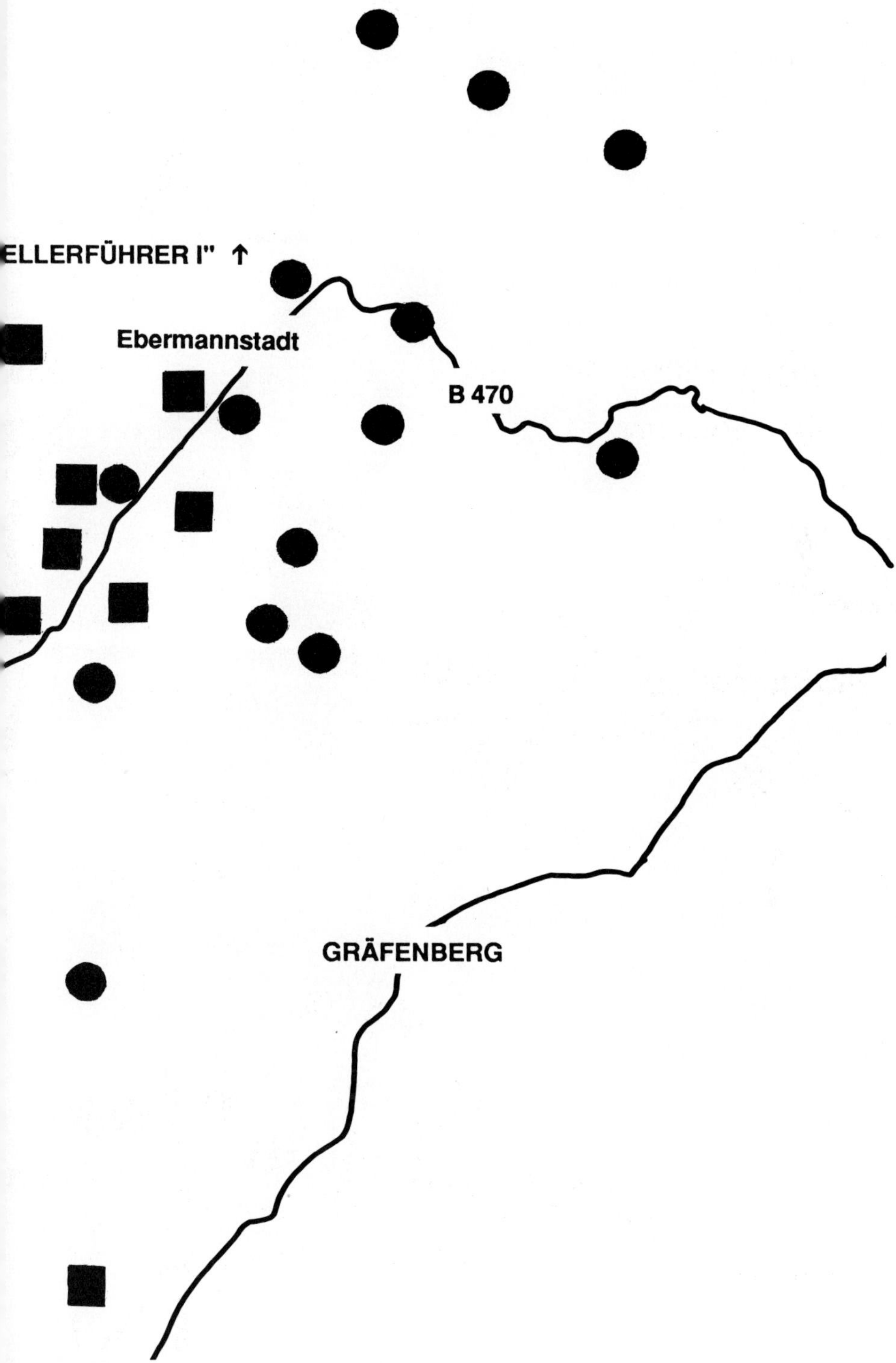
ELLERFÜHRER I" ↑
Ebermannstadt
B 470
GRÄFENBERG

Landhotel "Drei Kronen"
Hauptstraße 8
8555 Adelsdorf

☎ 09195/951

I.: W. Schmitt

🔒 -

W.: ab 16 Uhr, So. + F. ab 12 Uhr

Ja (Wirtschaft geöffnet)

In Ortsmitte neben Kirche
Bbg.: Sassanfahrt/Willersdorf/Weppersdorf.
Nbg.: über B 470 von BAB bzw. über Forchheim.

Gegenüber bzw. nach 60m. rechts (ca. 50 Plätze)

Neuzeitlich gestalteter Biergarten mit künstlichem Teich.
Sonnig im Hof bzw. schattig unter Laubbäumen.
Feste Tische/Bänke.
Relativ ruhige Lage im Hinterhof.

Schaukel und Sandkasten sollen angeschafft werden.
Zugang zur Straße über Hofeinfahrt/sonst umzäunt.

Bedienung.

Verschiedene Sorten (einschließlich Weißbier vom Faß)

Möglich.

Reichhaltiges Angebot

Umfangreiche Karte.

Ca. 200 Plätze (Lokal mit mehreren Räumen ca. 500)
Backofen im Hof (ab und zu Spanferkel)
Garten 1989 eröffnet. Wirtschaft seit ca. 200 J. bestehend.

Schloß. Kath. Pfarrkirche St. Stephan (in Ortsmitte).

NOTIZEN:

Guldens-Keller
Oesdorfer Weg
8555 Adelsdorf

☎ 09195/7295*

I.: Kratz/Petersilka

nur an Sonn- und Feiertagen zeitweise geöffnet.

Ja.

Von Weppersdorf kommend am Ortsanfang links abbiegen (Oesdorfer Straße). Geradeaus bis Ausbauende. Keller auf rechter Straßenseite.

Am Straßenrand.

Ruhige Lage abseits vom Straßenverkehr.
Schattig unter Laubbäumen bzw. sonnig auf Wiese.
Bierausschank aus altem Lagerkeller.

Kein Straßenverkehr (nur Kellergäste). Felder angrenzend.

Selbstbedienung.

Patrizier/Nürnberg.

Ja.

Kleines Brotzeitangebot (Hausmacher-Brotzeiten).

Ab und zu Speisen vom Grill.

Bis ca. 600 Plätze möglich.
Felsenkeller seit ca. 1800 bestehend.
Johannisfeuer am Samstag nach Johanni.

Schloß. Kath. Pfarrkirche St. Stephan (in Ortsmitte).

NOTIZEN:

Lamm-Brauerei
Gasthof
Rittmayer

Brauerei Rittmayer
Aischer Hauptstr. 5
8555 Aisch

☎ 09195/7222

I.: Alois Rittmayer

Montag.

9 - 23 Uhr.

Ja (Wirtschaft geöffnet).

Von Adelsdorf kommend in Ortsmitte (nach Linkskurve).
Bbg.: Sassanfahrt/Willersdorf/Weppersdorf.
Nbg.: über B 470 (BAB bzw. über Forchheim).

Einige Stellplätze im Wirtschaftshof bzw. an Durchgangsstraße.

Biergarten auf Hochterrasse gegenüber der Brauerei (auf anderer Straßenseite).
Schattig/halbschattig unter Laubbäumen.
Klapptische/Bänke.
An Durchgangsstraße.

Garten umzäunt, Eingang von Straße aus.

Bedienung.

Eigenbräu.

Möglich.

Mittleres Angebot (Hausschlachtung).

Reichhaltige Karte. Karpfen (Saison).

Ca. 200 Plätze (Gaststätte ca. 90).
Brauerei seit ca. 1615.

Kath. Kirche St. Laurentius.

NOTIZEN:

Gasthof Drei Linden
Alterlanger Str. 6
8520 Erlangen (Alterlangen)

☎ 09131/43885

I.: Familie Krapp

Ruhetag: Dienstag

9 - 22 Uhr.

Ja (Wirtschaft geöffnet).

Über Alterlanger Straße.
Bbg. + Nbg.: BAB, Ausfahrt Erlangen/Nord Richtung Dechsendorf, links ab Richtung Ortsmitte.

P Zu beiden Seiten der Straße.

i Garten im Wirtschaftshof.
Halbschattig unter Laubbäumen.
Klapptische/Bänke.
Relativ ruhige Lage an wenig befahrener Straße.

Zugang zur Straße offen.

Bedienung.

Georgenbräu/Buttenheim.

Ja.

Mittleres Angebot.

Ja.

S Ca. 100 Plätze (Lokal ca. 50).
Vermutlich bereits vor 1900 bestehend.

T Erlangen wurde um 1000 erstmals urkundlich erwähnt.
Sehenswert u.a. Schloß mit Schloßgarten, Orangerie, verschiedene Kirchen. Stadtmuseum. Universitätssammlungen.

NOTIZEN:

Restaurant Freie Scholle
Biergarten · tägl. frische Karpfen
Patrizier
Patrizier

Freie Scholle
Damaschkestr. 59
8520 Erlangen

☎ 09131/45786

I.: T. Triantafilu

🔒 -

11 - 15, 17 - 1 Uhr.

Ja (Wirtschaft geöffnet).

An Ecke Damaschkestraße/Siedlerweg.
Bbg. + Nbg.: BAB Ausfahrt Erlangen/Nord Richtung Dechsendorf, links ab Ortsmitte Alterlangen.

Parkplatz gegenüber der Wirtschaft.

Wirtschaftsgarten.
Schattig unter Laubbäumen bzw. sonnig auf Terrasse.
Relativ ruhige Lage an wenig befahrener Seitenstraße.

Zur Straße hin umzäunt.

Bedienung.

Patrizier/Nürnberg.

Nein.

-

Reichhaltige Karte (griechische Küche).

Ca. 100 Plätze, Terasse ca. 50 (Lokal ca. 180).

Erlangen wurde um 1000 erstmals urkundlich erwähnt.
Sehenswert u.a. Schloß mit Schloßgarten, Orangerie, verschiedene Kirchen. Stadtmuseum. Universitätssammlungen.

NOTIZEN:

Gastwirtschaft St. Johann von Georg
Kitzmann
Fränkische Küche
ZIGARETTEN

Neuwirtshaus (St. Johann)
Dechsendorfer Straße 13
8520 Erlangen

☎

P.: Manuella Starick

Sonntag

W.: 11-24 Uhr. Sa. 11-18 Uhr.

Ja (Wirtschaft geöffnet).

Gegenüber Hochhaus an der Dechsendorfer Straße.
Bbg. + Nbg.: über BAB Ausfahrt Erlangen/Nord Richtung Dechsendorf.

Direkt vor Garten ca. 10 Stellplätze.

Wirtschaftsgarten.
Schattig unter alten Laubbäumen.
Klapptische/Stühle.
An stark befahrener Durchgangsstraße.

Umzäunt. Eingang von Straße aus.
Schaukel.

Bedienung.

Kitzmann/Erlangen.

Nein.

Mittleres Angebot.

Warme Speisen von 11.30-14 und 17-22 Uhr.

Ca. 100 Plätze.

Erlangen wurde um 1000 erstmals urkundlich erwähnt. Sehenswert u.a. Schloß mit Schloßgarten, Orangerie, verschiedene Kirchen. Stadtmuseum. Universitätssammlungen.

NOTIZEN:

Gasthof St. Hubertus
Georg Seeberger · eig. Schlachtung

St. Hubertus
Hubertusstr. 15
8522 Beutelsdorf

09132/9595

I.: Georg Seeberger

Dienstag

W.: 11-14, 17-22 Uhr.
Sa. ab 11-20 Uhr. So + F. 11-22 Uhr.

Ja (Wirtschaft geöffnet).

Von Hessdorf kommend: An Straßenkreuzung (links ab nach Erlangen).
Nbg.: Über Herzogenaurach.

Vor Gasthaus.

Wirtschaftsgarten.
Schattig unter Bäumen bzw. sonnig.
An Durchgangsstraße.

Teils umzäunt. Zugang zur Straße offen.

Selbstbedienung.

Tucher/München.

Nein.

Mittleres Angebot (u.a. gesülzte Bratwürste).

Reichhaltige Karte.

Ca. 100 Plätze (Lokal 120 Plätze)
Seit 1977 bestehend.

Herzogenaurach: Schloß. Rathaus. Pfarrkirche St. Maria Magdalena. Marienkapelle.

NOTIZEN:

Brauerei Krug

8551 Breitenlesau

☎ 09202/835

P.: Georg Hümmer

Montag

9-24 Uhr.

Ja (Wirtschaft geöffnet).

In Ortsmitte von Breitenlesau.
Bbg.: Über Heiligenstadt. In Hochstahl rechts ab.
Nbg.: Forchheim/Ebermannstadt/Streitberg nach Wüstenstein, dort rechts ab Richtung Plankenfels.

Im Hof.

Schattig unter Laubbäumen bzw. sonnig im Hof.
An wenig befahrener Durchgangsstraße.
Feste Bänke/Holztische bzw. Klapptische/Bänke.

Garten zur Straße hin meist umzäunt.

Getränke: Selbstbedienung. Essen: Bedienung.

Eigenbräu (Krug).

Werktags möglich.

Mittlere Brotzeitkarte.

Kleinere Speisen.
Sonntags auch Kaffee und Kuchen.

Ca. 200 Plätze (Wirtschaft ca. 200).
Wirtschaft bereits vor 1712 bestehend.
Brauerei seit ca. 150 Jahren.

NOTIZEN:

Gasthof und Metzgerei
Zur Einkehr

Gasthof Zur Einkehr
Dorfstr. 14
8520 Büchenbach

☎ 09131/992833

I.: Heinz Güthlein

Dienstag

W.: 9-14, 17-22 Uhr.
So. + F.: 9-21 Uhr.

Ja (Wirtschaft geöffnet).

Im Zentrum von Büchenbach.
Bbg. + Nbg.: BAB Ausfahrt Erlangen/Bruck.

P An Durchgangsstraße (Hausparkplatz für Übernachtungsgäste)

i Großer Wirtschaftsgarten im Hinterhof.
Halbschattig unter Laubbäumen.
Meist Klapptische/-stühle und Bänke.
Kaum Verkehrslärm.

Zur Straße hin umzäunt.

Bedienung.

Kitzmann/Erlangen.

Nein.

Mittleres Angebot (Hausschlachtung).

Tageskarte. Mittwochs Schlachtschüssel.

S 300 bis 2200 Plätze je nach Bestuhlung.
Im Wirtschaftsbereich mehrere Räume mit zusammen ca. 300 Plätzen.
Seit 1919 im Familienbesitz.

T Kath. Kirche St. Sixtus, Bau aus dem 15. Jhdt.

NOTIZEN:

Biergärtla
Campingstr. 77
8521 Dechsendorf

09135/6893
8853
I.: Jenny Schreyer

-

W.: ab 17 Uhr.
Sa. ab 14, So + F. ab 11 Uhr. Je nach Bedarf bis 21/22 Uhr.

Ja.

Gegenüber des Bades Dechsendorfer Weiher.
Bbg.: BAB Ausfahrt Möhrendorf. In Oberndorf rechts ab nach Dechsendorf. Nach Weiher rechts "Campingstraße".
Nbg.: Über Erlangen nach Dechsendorf. Hinweisschilder zum Dechsendorfer Weiher.

Parkplätze an Durchgangsstraße (ca. 100m. zum Garten).

Schattig/halbschattig unter Laubbäumen.
Kleiner Kiosk. Schutzdach gegen Regengüsse.
Relativ ruhige Lage (nur Anliegerverkehr).

Umzäunt. Schaukel.

Bedienung.

Maisel/Bayreuth.

Ja.

Mittleres Brotzeitangebot.

Steaks etc.

Ca. 150 Plätze.
Auf Privatinitiative im Garten entstanden.
Abends Kerzenlicht. Am Wochenende teils Bowle erhältlich.

Freizeitgebiet mit Badesee usw. angrenzend.

NOTIZEN:

Kasse
Schänke
Bitte nehmen Sie
Ihre leeren Krüge
mit zurück zur
Schänke
Danke!

Schwanengarten
Naturbadstr. 99
8521 Dechsendorf

☎ 09135/6100

I.: Christine Seubert

Ruhetag: Montag

11-22.30 Uhr

Ja (Restaurant an Werktagen ab 18-, So. 11-18 Uhr geöffnet).

Bbg.: BAB Ausfahrt Möhrendorf. In Oberndorf rechts ab nach Dechsendorf. Vor Ortsbeginn links.
Nbg.: BAB Ausfahrt Erlangen/Nord nach Dechsendorf, dort beschildert zum Dechsendorfer Weiher.

P Am Seeufer, ca. 100m. entfernt. Kleiner Hausparkplatz.

i Schattig unter Laub- und Nadelbäumen bzw. sonnig auf ver schiedenen Terrassen.
Klapptische/Stühle.
Direkt an Straße Oberndorf/Dechsendorf (an schönen Wochenenden stark befahren).

Gartengelände umzäunt. Großer öffentlicher Spielplatz nicht weit entfernt.

Selbstbedienung.

Tucher/München. Jever.

Ja.

Mittleres Angebot (Hausschlachtung).
Auch Kaffee und Kuchen.

Diverse Speisen (Schweinebraten, Bratwürste usw.)

S Ca. 1000 Plätze (Restaurant 60).
Alter Keller aus dem Jahr 1830 im Garten.
1987 wesentlich erweitert. Hübsches Restaurant.

T Freizeitgebiet mit Badesee usw. angrenzend.

Friedrich Kropfeld
Feuersteinstraße
8557 Drosendorf

☎ 09545/5992*

I.: F. Kropfeld

🔒 -

W.: ab 16, Sa + So. ab 14 Uhr.

Ja

Bbg.: Buttenheim/Drügendorf/Drosendorf.
Nbg.: BAB Ausfahrt Forchheim-Nord/Eggolsheim/Weigelsho fen/Drosendorf.
Von Weigelshofen kommend rechts nach Drosendorf abbiegen, Keller nach wenigen Metern auf linker Straßenseite.

Neben Keller.

Meist sonnig unter einigen Laubbäumen auf Terrasse, leicht über Straßenniveau.
Relativ ruhige Lage an wenig befahrener Straße.

Zugänge über Treppen von der Straße her, Kellergelände teils umzäunt. Schaukel.

Selbstbedienung.

Löwenbräu/Buttenheim.

Ja.

Ausreichendes Angebot

Nein.

150 Plätze (innen 25).
Hübsch renoviertes Kellerhaus, Raum mit Kachelofen (kann für geschlossene Gesellschaften gemietet werden).
Keller ca. 1920 erbaut, 1989 wiedereröffnet.
Bei Redaktionsschluß wurde noch nach einem Namen für den Keller gesucht.

NOTIZEN:

Zum Grünen Baum*
Feuersteinstr. 55
8557 Drosendorf

☎ 09545/8593*

I.: Familie Zehner

-

Sa. + So. ab 15 Uhr.

Ja.

Bbg.: Buttenheim/Drügendorf/Drosendorf.
Nbg.: BAB Ausfahrt Forchheim-Nord/Eggolsheim/Weigelshofen/Drosendorf.
Von Weigelshofen kommend rechts nach Drosendorf abbiegen, Ort durchfahren, nach Ortsende rechts kl. Kapelle, links Holzschild "Zum Keller".

Wenige Parkplätze an Zufahrt.

Schattig unter hohen Laubbäumen auf Terrasse im Wald.
Klapptische/Bänke.
Ruhige Lage abseits vom Straßenverkehr.
Ursprünglicher Keller/ideal für heiße Sommertage!

Straße über Zufahrtsweg erreichbar.

Selbstbedienung.

Georgenbräu/Buttenheim.

Ja.

Mittleres Angebot (Hausschlachtung).

Nein.

Keller bereits vor 1900 bestehend.
Kellerfest am ersten Annafest-Sonntag.

Kath. Pfarrkirche Mariae Heimsuchung (ansehenswert!).
Wandergebiet: Jura-Höhenweg. Retterner Kanzel. Feuerstein.

NOTIZEN:

Gasthof-Eisenbahn
Bei

Gasthof Eisenbahn
Bahnhofstraße 15
8553 Ebermannstadt

☎ 09194/4822

P.: A. Di Giacomo

-

9-24 Uhr.

Ja (Wirtschaft geöffnet).

Über B 470: In Ortsmitte nach Pretzfeld abbiegen und auf dieser Straße bis zum Bahnhof verbleiben.

Bahnhofsparkplatz.

Wirtschaftsgarten. Halbschattig unter alten Laubbäumen bzw. sonnig vor Wirtschaftsgebäude.
Klapptische/Stühle bzw. Bänke.
An Straße nach Pretzfeld.

Zugang zur Straße offen.

Bedienung.

Georgenbräu/Buttenheim.

Möglich.

Mittleres Angebot.

Italienische Küche (Pizza etc.).

Ca. 200 Plätze.
Seit ca. 1930 bestehend.

Ebermannstadt wurde erstmals 981 urkundlich erwähnt.
Kath. Kirche Mariae Geburt mit altem Wehrturm.
Heimatmuseum im Rathaus.
"Heimatbahnhof" der DFS (Dampfbahn Fränkische Schweiz!)
Bekanntes Erholungs- und Wandergebiet.

NOTIZEN:

Zur guten Quelle*
Schrottenberg 8
8553 Ebermannstadt
"Nitsche - Keller"

☎ 09194/9190*

P.: Gerhard Nitsche

Montag

Di.-Fr. 16-22, Sa. + So. ab 14 Uhr.

Ja.

Bbg.: Von Buttenheim/Drosendorf kommend erste Ortsstraße links (Fahne an Straße gehisst, wenn Keller geöffnet!). Auf dieser verbleiben. Nach ca. 200m. Rechtskurve zum Keller.
Nbg.: B 470, links Richtung Bamberg abbiegen. Am Ortsende rechts (s.o.).

Ca. 15 Stellplätze hinter Kellergelände.

Ursprünglicher Keller! Einfach aber romantisch!
Schattig am Hang unter Felsen. Alter Laubbaumbestand.
Kleine Schankhütte.
Relativ ruhige Hanglage.

Kein Straßenverkehr (nur Kellergäste).
Rutschbahn.

Bedienung.

Maisel/Bamberg.

Ja.

Ausreichendes Angebot (Hausmacher-Brotzeiten).

Nein.

Ca. 150 Plätze.
Als Lagerkeller (mehrere Sandsteinkeller, teils 70 m. lang) bereits vor 1900 erbaut.

Siehe auch Seiten vorher.
Wandergebiet: Rundwanderweg und Naturlehrpfad führen am Kellergelände vorbei.

Schwarzes Kreuz Keller
Bammersdorfer Straße
8557 Eggolsheim

☎ 09545/8843

I.: Peter Hallmann

🔒 -

W.: Ab 14, So. ab 12 Uhr.

Ja.

Aus Richtung Forchheim kommend (Forchheimer Straße) Richtung Weigelshofen/Drügendorf. Rechts an Abzweig nach Bammersdorf.

P An Bammersdorfer Straße.

i Schattig unter alten Linden und Kastanien.
Terrassenförmig angelegt.
Direkt an verkehrsreicher Durchgangsstraße.

Allseits umschlossen. Eingangstor.

Selbstbedienung.

Eigenbräu/Schwarzes Kreuz.

Ja.

Mittleres Angebot.

Nein.

S Ca. 200-300 Plätze je nach Bestuhlung.
Alte Kegelbahn leider nicht mehr in Betrieb.
Früher Weißes Rössl/Eggolsheim. Jetziger Inhaber seit 1975.

T Altes Stadttor (Forchheimer Tor). Rathaus 1700. Kath. Pfarrkirche St. Martin (sehenswert). Alter Pfarrhof.

NOTIZEN:

Gaststätte
am
Röthelheim

Friedrich Moertel
Am Röthelheim 40
8520 Erlangen

☎ 09131/35699

P.: Friedr. Moertel

🔒 -

11-23 Uhr.

Ja.

In Nähe des Röthelheim-Bades. Ecke Österreicher Straße.

In Wirtschaftsnähe an den Zufahrtsstraßen.

Schattig unter alten Laubbäumen.
Relativ ruhige Lage in Wohngebiet.
Klapptische/Stühle bzw. Bänke.

Gartengelände umzäunt, Zugang von wenig befahrener Straße.

Selbstbedienung (Getränke). Bedienung (Essen).

Kitzmann/Erlangen.

Nein.

Ausreichendes Angebot.

Mittleres Angebot.

500 Plätze.
Seit 1928 bestehend.

Erlangen wurde um 1000 erstmals urkundlich erwähnt. Sehenswert u.a. Schloß mit Schloßgarten, Orangerie, verschiedene Kirchen. Stadtmuseum. Universitätssammlungen.

NOTIZEN:

Pizza

Emmentaler frisch vom Rad

Alljährlich am Donnerstag vor Pfingsten beginnt in Erlangen die "5. Jahreszeit". Wie es so schön heißt, "ruft der Berg"-und zwar 12 Tage lang! Für Anwohner wohl eher ein Anlass, ihr sonst ruhiges Wohngebiet mit einem Urlaubsplatz in sonnigen Gefilden zu tauschen!

Alle anderen Erlanger aber zieht es mit Kind und Kegel "hinaus" in den schattigen Kellerwald, um sich dort, vereint mit nicht gerade wenigen Ortsfremden, den Nachmittag und Abend zu vertreiben. Kein Wunder, daß zu dieser Zeit Geschäftsleute in der Innenstadt recht ruhige Tage verbringen!

Ganz so gemütlich wie auf den normalen Sommerkellern des Umlandes geht es dort natürlich nicht zu, gilt es doch, in der kurzen Bergkirchweih-Zeit das Kellerleben eines Sommers zu absolvieren. Zu den vielen und nur zu diesem Fest geöffneten Kellern (Ausnahme: Entla's Keller, siehe Folgeseite) gesellen sich vielerlei Verkaufsstände und Fahrgeschäfte, um Freunden des Volksfestbetriebes ein im Landkreis wohl einmaliges Erlebnis zu bieten. Probieren Sie's halt mal aus!

Warnung: Von all dem Festbetrieb unbeeindruckt zeigen sich unsere Freunde und Helfer. Da die offiziellen Parkmöglichkeiten zu dieser Zeit sowieso restlos erschöpft sind, sorgen massierte Kräfte für nette Andenken in Form einer Zahlkarte. Als Autofahrer sollten Sie diese Ausgabe bereits in den Reisespesen vorsehen-es sei denn, Sie reisen lang vor Schankbeginn an. Oder besser noch, Sie benutzen gleich öffentliche Verkehrsmittel!

Informationen: Geöffnet von 11-23 Uhr. Verbilligte Familientage.

Einige Kellernamen ohne Anspruch auf Vollständigkeit:
Birkners Keller
Entla's Keller
Erich Keller
Hartmanns Keller
Henninger Keller
Hofbräu Keller
Hübners Keller
Kitzmanns Keller
Niklas Keller
Steinbruchs Keller
Zum Faß

Kitzmann's Keller

Entla's Keller
An den Kellern 5-7
8520 Erlangen

☎ 09131/22100

I.: F. Engelhardt

🔒 -

Mai-September W.: 15-22 Uhr,
Sa., So. + F: 9-23 Uhr.

Ja.

Am Kellerberg (BAB-Ausfahrt Erlangen Nord. Nach Ortsbeginn liegt links das Kellergebiet).

An den Zufahrtsstraßen möglich (auf Parkverbote achten!).

Schattig/sonnig unter Laubbäumen. Auf Terrassen angelegt. Ruhige Lage abseits vom Verkehrslärm.

Kein Straßenverkehr.

Selbstbedienung (Bedienung nur zur Bergkirchweih).

Kitzmann/Erlangen.

Ja. Auch Kaffee und Kuchen.

Umfangreiche Karte.

Tageskarte.

Ca. 500 Plätze (Bergkirchweih ca. 4000).
Seit 1690 bestehend!
Verschiedene feste Veranstaltungen:
1. Mai-Wochenende "erstes Bier vom Berg mit fränk. Querch",
1. Wochenende im August "Kinder- und Spielfest",
vorletztes Wochenende im September "Bergtrödel",
letztes September-Wochenende "letztes Bier vom Berg".

Erlangen wurde um 1000 erstmals urkundlich erwähnt. Sehenswert u.a. Schloß mit Schloßgarten, Orangerie, verschiedene Kirchen. Stadtmuseum. Universitätssammlungen.

Selbstbedienung

Schweizer Keller
Baptist Dötzer
8550 Forchheim

☎ 09191/~~9235~~ 621821

P.: B. Dötzer

-

Ab 15 Uhr, So. ab 13 Uhr
(an sehr schönen Sonntagen auch Frühschoppen).

Ja.

Von Forchheim auf B 470 Richtung Ebermannstadt. Nach Ortsende von Reuth auf linker Straßenseite (Achtung, meist starker Gegenverkehr!). Fahne an Straße gehisst, wenn geöffnet.

Wiesenparkplatz neben Keller (ca. 150 Plätze).

Schattig unter Laubbäumen.
Klapptische/Bänke sowie einige feste Tische und Bänke.
Schutzhütte.

Zaun zur Straße hin.

Selbstbedienung.

Georgenbräu/Buttenheim.

Ja.

Mittleres Angebot.

Nein.

Ca. 400 Plätze (Schutzhütte 80 Plätze).
32m. tiefer Lagerkeller.

Siehe Vorwort zum Annafest.

NOTIZEN:

Glocken Keller

Franken Brunnen
Franken Brunnen

Eines der bekanntesten Volksfeste Frankens ist das alljährlich um den 26. Juli (Annatag) herum stattfindende Annafest. An 10 Tagen sind auf den 22 Kellern des Kellerberges alle Kräfte im Einsatz, um den Durst und Hunger der Forchheimer und ihrer vielen Gäste zu stillen.

Eigentlicher Anlass des Festes ist der Annatag, an dem früher Forchheimer Bürger zur Wallfahrtskirche St. Anna nach Unterweilersbach pilgerten. Vor der Rückkehr wurde Rast im Kellerwald gemacht und vom dort eingelagerten Bier der Forchheimer Brauereien gekostet. Die Entwicklung zum Volksfest ist jedoch der Schützengesellschaft zu verdanken, die im Jahr 1840 den Schießstand in den Kellerwald verlagerte. Aus dem jährlichen Hauptschießen am Annatag entwickelte sich über die Jahre das heutige Volksfest.

Die Keller des Kellerwaldes sind in die "unteren" und "oberen" Keller eingeteilt. Sie sind meist auch ausserhalb des Annafestes bei "Kellerwetter" geöffnet. Wegen ihrer schattigen Lage geht die Saison etwa von Ende Mai bis Ende August. Sie sind allesamt sehr ruhig gelegen und vom Straßenverkehr verschont (Ausnahme Anlieger und Lieferanten).

Da es kaum sinnvoll ist, alle 22 bestehenden Keller ausführlich vorzustellen, habe ich drei nach dem Zufallsprinzip ausgewählt.

Die nachfolgenden Beschreibungen beziehen sich auf die Zeit vor und nach dem Annafest. Zur Festzeit sind die Speisekarten wesentlich umfangreicher, die Sitzplatzanzahl größer. Zu dieser Zeit ist die Eigenbrotzeit nicht immer gestattet.

Anfahrt: Von Bamberg oder Nürnberg aus (B 4) auf der B 470 in östliche Richtung fahren. An nächstem Abzweig links nach Serlbach abbiegen und der Beschilderung "Kellerwald" folgen. Große Parkfläche unterhalb der Keller.

Tips: Wie wärs mit einer Wanderung in der Fränkischen Schweiz und einer Einkehr auf dem Rückweg zu einer stärkenden Brotzeit? Für Eisenbahnfreunde wäre vielleicht auch eine Fahrt mit der DFS ab Ebermannstadt zu empfehlen! Darüberhinaus lockt die Fränkische Schweiz mit einem großen Freizeitangebot.

In Forchheim selbst sind sehenswert: Pfalz, Stadtpfarrkirche St. Martin, Rathaus, Altstadt.

Glocken-Keller

Glocken-Keller
Auf den oberen Kellern
8550 Forchheim

☎ 09191/14035

P.: Jürgen Zeitler

Dienstag

Mo., Mi.-Fr. 13-1 Uhr.
Sa. ab 10-, So. + F. ab 9 - 1 Uhr.
(April bis November geöffnet).

Nein.

Siehe Vorwort. Zu den oberen Kellern gehörend.

Siehe Vorwort.

Schattig unter Laubbäumen.
Kellerhütte.

Fußgängergebiet.

Bedienung.

Brauhaus Forchheim.

Ja.

Mittleres Angebot. Sonntags auch Kaffee + Kuchen.

Kleine Karte.

Ca. 400 Plätze (ca. 35 in Gastraum).

Siehe Vorwort.

NOTIZEN:

Marlboro
RAPPEN
KELLER

Rappenkeller
Auf den Kellern 14
8550 Forchheim

☎ 09191/66882

I.: Löwenbräu

Montag

Di.-Sa. 11-23 Uhr,
So. + F. 9.30-23 Uhr (ganzjährig)

Ja.

Siehe Vorwort. Zu den unteren Kellern gehörend.

P Siehe Vorwort.

i Schattig unter Laubbäumen.
Klapptische/Bänke.
Kleines Kellerhaus.

Fußgängergebiet.

Bedienung.

Löwenbräu/Buttenheim.

Ja.

Mittleres Angebot. Auch Kaffee und Kuchen.

Durchgehend warme Küche von 11-23 Uhr.
Spezialitäten auf Anfrage (Schinken im Brotteig usw.)

S Ca. 300 Plätze (im Kellerhaus ca. 40).
Hüttenfeiern auf Anfrage.
1886 erbaut.

T Siehe Vorwort.

NOTIZEN:

Winterbauer
Keller

Winterbauers Keller
Auf den Kellern 7
8550 Forchheim

☎ 09191/2529

I.: Familie Grimm

(Montag)

9-24 Uhr (Mai-Oktober).
November bis April ist Montag Ruhetag.

Nein.

Siehe Vorwort. Zu den unteren Kellern gehörend.

Siehe Vorwort.

Schattig unter Laubbäumen.
Feste Tische und Bänke.

Fußgängergebiet.

Bedienung.

Brauhaus Forchheim.

Ja.

Mittleres Angebot.

Tageskarte.

500 Plätze (160 im Wirtschaftsraum).
Im Jahr 1906 erbaut.

Siehe Vorwort.

NOTIZEN:

Gasthof Fränkische Schweiz
ROSA HELLDÖRFER

Gasthof Fränkische Schweiz
Pezoldstraße 21
8556 Gössweinstein

☎ 09242/290

I.: Fam. Helldörfer

Dienstag

9-22 Uhr.

Ja (Wirtschaft geöffnet)

Bbg.: Buttenheim/Ebermannstadt/Behringersmühle.
Nbg.: Forchheim/ B 470 bis Behringersmühle.
In Behringersmühle rechts nach Gössweinstein. Kurz nach Ortsmitte rechts.

P Hausparkplatz unterhalb.

i Halbschattig/schattig unter Laubbäumen.
Klapptische/Bänke.
An Durchgangsstraße.

Garten meist umzäunt, Seitenausgang zur Straße offen.

Bedienung.

Vasold + Schmitt/Neunkirchen a. Brand

Nein.

Mittleres Angebot. Auch Kaffee und Kuchen.

Reichhaltige Karte (z.B. Forellen).

S Ca. 100 Plätze (Wirtschaft ca. 100).
Bereits vor 1900 bestehend.

T Wallfahrtskirche von Balthasar Neumann, eingeweiht 1739.
Burg. Heimatmuseum.

NOTIZEN:

Scheffel-Gasthof
Cafe - P

Scheffel-Gasthof

Scheffel-Gasthof
B.-Neumann-Str. 75
8556 Gössweinstein

☎ 09242/201

I.: Fam. Hessler

Montag

8-18 Uhr.

Ja (Wirtschaft geöffnet).

Bbg.: Buttenheim/Ebermannstadt/Behringersmühle.
Nbg.: Forchheim/ B 470 bis Behringersmühle.
In Behringersmühle rechts nach Gössweinstein. In Ortsmitte links (neben Wallfahrtskirche).

Hinter Wirtschaftsgebäude.

Wirtschaftsgarten. Halbschattig hinter Wirtschaftsgebäude.
Tische/Stühle.

Teils umzäunt. Zugänge zur Straße offen.

Bedienung.

Eku/Kulmbach.

Nein.

Mittleres Angebot (auch Kaffee und Kuchen).

Reichhaltige Karte (u.a. Forellen).

Ca. 80 Plätze (150 in Wirtschaft-einschließlich Nebenräumen).
Als Gasthof bereits vor 1900 bestehend.
Victor von Scheffel war im Jahr 1883 Hausgast.

Wallfahrtskirche von Balthasar Neumann, eingeweiht 1739.
Burg. Heimatmuseum.

NOTIZEN:

Hotel Stern
Pottensteiner Straße 23
8556 Gössweinstein

☎ 09242/1777

I.: Familie Doll

🔒 -

10-24 Uhr.

Ja (Hotel geöffnet).

Bbg.: Buttenheim/Ebermannstadt/Behringersmühle.
Nbg.: Forchheim/ B 470 bis Behringersmühle.
In Behringersmühle rechts nach Gössweinstein. Nach wenigen Metern links.

Großer Parkplatz auf gegenüberliegender Straßenseite.

Wirtschaftsgarten. Halbschattig/sonnig unter Laubbäumen.
Klapptische/Stühle.

Garten zur Straße hin umzäunt.

Bedienung.

Bayreuther Bierbrauerei AG.

Nein.

Mittleres Angebot (Hausschlachtung).

Reichhaltige Karte (Spezialität: Schwäbische Küche).

Ca. 100 Plätze.
Seit ca. 1900 bestehend.

Wallfahrtskirche von Balthasar Neumann, eingeweiht 1739.
Burg. Heimatmuseum.

NOTIZEN:

Glückshafen

Zu den weithin bekannten Festen des Jahres im Kreis Forchheim gehört das Kreuzbergfest, welches jährlich am 1. Sonntag nach dem 3. Mai stattfindet.

Nach den tristeren Tagen der kalten Jahreszeit ist es empfehlenswert, zu Fuß von Hallerndorf oder Schnaid "aufzusteigen" und ringsherum die leuchtenden Rapsfelder zu geniessen. Besonders bei schönem Wetter ist es ein Erlebnis, welches anlässlich des Festes dann natürlich auch tausende Mitbürger anzieht. Als Wanderfreund sollten Sie vielleicht auch an anderen Tagen des Jahres einige attraktive Wanderwege dieser Gegend ergründen-es lohnt sich!

Doch zurück zum Kreuzbergfest: Zu dieser Zeit sind die direkten Zufahrten nur für Kellerpersonal geöffnet. Sollten Sie bereits vormittags (ab ca. 10 Uhr Festbeginn) mit dem PKW kommen, findet sich sicher noch ein Stellplatz auf den zahlreichen Parkplätzen unterhalb des Kreuzberges. Später sollten Sie gleich die oben beschriebene Variante wählen.

Auf dem Kreuzberggipfel finden Sie, neben den Kellern, die Kreuzbergkirche, in die Sie auf jeden Fall einen Blick werfen sollten. Auf der Freifläche vor der Kirche sorgen einige Fahrbetriebe für einen kleinen Volksfestbetrieb. Die nebeneinanderliegenden Keller schließlich bieten am Festtag ein reiches Angebot gegen den Hunger-einschließlich eines kühlen Kellerbieres (und anderer Getränke).

Wesentlich ruhiger ist es natürlich an allen anderen Wochenenden des Jahres. Die jeweiligen Öffnungszeiten (teils an bestimmten Tagen ganzjährig) finden Sie bei den anschließenden Beschreibungen der Kellerbetriebe.

Anfahrt. Bbg.: Über Sassanfahrt, Rothensand nach Schnaid, dort links ab nach Hallerndorf. Im Ort rechts ab (Schild "Kreuzberg") und bis zu den Parkplätzen (nochmals rechts abbiegen) unterhalb des Kreuzberges fahren. Alternativ Parkplatz nach Schnaid (rechts) benutzen.

Nbg.: BAB Forchheim-Nord Richtung Bamberg, in Neuses links ab Richtung Adelsdorf. Über Schlammersdorf nach Hallerndorf (rechts abbiegen). Im Ort nach scharfer Linkskurve Hauptstraße geradeaus verlassen (Schild "Kreuzberg") und auf dieser bis zu den rechts liegenden Parkplätzen verbleiben.

Friedels Keller Schnaid

Brauerei Friedel*
Schnaid
8551 Hallerndorf

☎ 09543/3458*

I.: Friedel

~~Mi.,Do., Sa-Mo.~~ die ganze Woche geöffnet

Di. ab ca. 17 Uhr (immer).
Fr. ab ca. 17 Uhr (nur bei Kellerwetter)

s.o.

Siehe Kreuzberg-Vorwort.
(von Hallerndorf kommend 1. Keller links).

Bei Bieranstich Alleinunterhalter-Musik! Brrr!

Siehe Kreuzberg-Vorwort.

Schattig unter Laubbäumen.
Hübsches Kellerhaus.
Sehr ruhige Lage abseits von Straßenlärm.
Vom Kreuzberg aus schöne Aussicht.

Kein Straßenverkehr.

Selbstbedienung.

Eigenbräu.

Ja.

Mittleres Angebot (Hausschlachtung).
Teils auch Kaffee und Kuchen.

Kleine Karte bzw. auf Bestellung (z.B. Schlachtschüssel).

Ca. 700 Plätze.
Keller seit 1722. Brauerei seit 1461.
Schnapsbrennerei.

Kath. Wallfahrtskirche Zum Heiligen Kreuz. Erbaut 1453.
Sehenswert!

24.03.2011

NOTIZEN:

Besuche: 01.09.04
16.06.05
25.05.2006
30.08.2008 → neues Kellerhaus
12.08.2008 " "
05.06.2009 " "

Lieberths Keller

Brauerei Lieberth*
Familie Alfred Volkmuth
8551 Hallerndorf

☎ 09545/8558*

I.: Fam. Volkmuth

Mo.-Sa.

Nur sonntags ab 13 Uhr.

Nein (Kellerhaus ganzjährig geöffnet).

Siehe Kreuzberg-Vorwort,
(von Hallerndorf kommend 2. Keller links).

Siehe Kreuzberg-Vorwort.

Schattig unter Laubbäumen. Kellerhaus.
Feste Tische + Bänke.
Sehr ruhige Lage abseits von Straßenlärm.
Vom Kreuzberg aus schöne Aussicht.

Kein Straßenverkehr.

Selbstbedienung.

Eigenbräu.

Ja

Mittleres Angebot. Teils auch Kaffee und Kuchen.

Speisen vom Grill nur zum Kreuzbergfest.

Ca. 500 Plätze (30 im Kellerhaus-zünftige Einkehr auch bei schlechter Witterung).
Keller seit ca. 1850 bestehend. Brauerei seit 1463.

Kath. Wallfahrtskirche Zum Heiligen Kreuz. Erbaut 1453.
Sehenswert!

NOTIZEN:

Besuche: 24.10.04
11.09.05

Rittmayer-Keller
HALLERNDORF
F.1828 R

X

Brauerei Rittmayer*
Trailsdorfer Str. 4
8551 Hallerndorf

☎ 09545/7467*

I.: Franz Rittmayer

Ruhetag: Mo.-Do.

Öffnungszeiten: Fr. ab 17, Sa. ab 15, So. ab 13 Uhr.

Ja (sonntags Kellerhaus ganzjährig ab 14 Uhr geöffnet).

Siehe Kreuzberg-Vorwort,
(von Hallerndorf kommend 3. Keller links).

P: Siehe Kreuzberg-Vorwort.

i: Schattig unter Laubbäumen. Kellerhaus.
Direkt unterhalb der Wallfahrtskirche.
Feste Tische/Bänke + Garnituren.
Sehr ruhige Lage abseits vom Straßenlärm.

Kein Straßenverkehr.

Selbstbedienung.

Eigenbräu.

Ja.

Reichhaltiges Angebot.

Nur auf Bestellung.

S: Ca. 1000 Plätze (Kellerhaus ca. 100).
Keller seit 1707 bestehend. Kellerhaus 1828 erbaut.
Brauerei seit 1422.

T: Kath. Wallfahrtskirche Zum Heiligen Kreuz. Erbaut 1453.
Sehenswert!

NOTIZEN: 9.6.04
29.08.04 mit Familie
14.08.06 4.4.09
27.04.07
13.04.08 2.8.11

Lieberths Keller
Kreuzbergstraße
8551 Hallerndorf

☎ 09545/8558

I.: Fam. Volkmuth

🔒 -

W.: Ab 16.30, So. ab 15 Uhr
(ab Pfingsten geöffnet).

Ja.

Anfahrt siehe Kreuzbergfest-Vorwort.
In Richtung Kreuzberg fahren. Vor Ortsende links.

An beiden Straßenseiten.

Schattig unter Laubbäumen bzw. sonnig auf Wiese.
Hübsches Fachwerk-Kellerhaus.
Relativ ruhige Lage (kaum Durchgangsverkehr).

Garten meist umzäunt. Aisch an Grundstück vorbeifließend
(einfacher Holzzaun).
Schaukel, Sandkasten.

Selbstbedienung.

Eigenbräu.

Ja.

Mittleres Angebot. Auch Kaffee und Kuchen.

Zeitweise Grillspezialitäten.

Ca. 200 Plätze/je nach Bestuhlung.
Lagerkeller 1787 erbaut. Brauerei seit 1669 bestehend.

Kath. Pfarrkirche St. Sebastian (spätgotischer Chor).

NOTIZEN:

Brauerei Rittmayer
Trailsdorfer Str. 4
8551 Hallerndorf

☎ 09545/7467

I.: Franz Rittmayer

Mo.-Sa.

Teils sonntags ab 13/14 Uhr.

Ja.

Anfahrt nach Hallerndorf siehe Kreuzbergfest-Vorwort. In Hallerndorf Richtung Kreuzberg fahren. Nach Friedels-Keller rechts abbiegen (Schulstraße). Auf dieser bis ans Ortsende-Schild verbleiben. Von dort schmaler Fußweg zum Keller.

In Schulstraße.

Ursprünglicher Keller. Schattig unter alten Linden. Herrlicher Blick über Hallerndorf/Aischgrund bis zur Fränkischen Schweiz. Kegelbahn.
Sehr ruhige Lage abseits vom Straßenverkehr.

Straße weiter entfernt. Angrenzend Felder/Gärten.

Selbstbedienung.

Eigenbräu.

Ja.

Mittleres Angebot.

Nein.

Ca. 100 Plätze.
Kann auch für Privatveranstaltungen gemietet werden.
Wegen Bewirtschaftungsproblemen leider nur selten geöffnet-ein Jammer! Derart schöne Keller sind nur selten zu finden!

Kath. Pfarrkirche St. Sebastian (spätgotischer Chor).

NOTIZEN:

Kathi-Bräu
Kathi Meyer
8551 Heckenhof 1

☎ 09191/277

I.: Kathi Meyer

🔒 -

9-23 Uhr.

Ja (Wirtschaft geöffnet)

Bbg.: Geisfeld/Heiligenstadt/Aufseß
Nbg.: B 470 über Ebermannstadt. In Streitberg Richtung Aufseß/Hollfeld abbiegen.
In Aufseß Richtung Plankenfels. Auf Berghöhe nach Aufseß rechts ab nach Heckenhof. Ausgeschildert "Kathi-Bräu".

Großer befestigter Parkplatz (Hinweisschilder).

Kleiner Wirtschaftsgarten. Schattig unter Laubbäumen bzw. sonnig im Hof. Klapptische/Bänke.
Ruhige Lage abseits vom Straßenverkehr (Ausnahme: Gäste).

Garten umzäunt. Kein Straßenverkehr in Wirtschaftsnähe.

Bedienung.

Eigenbräu (dunkles Bier).

Ja.

Mittleres Angebot.

Nur zur Kirchweih (4. Sonntag im August).
Freitags Schaschlik.

Ca. 500 Plätze.
Hausschnäpse (Obstler/Zwetschgen)
"Weltbekannt in Stadt und Land" (!!). An Wochenenden stark frequentiert! Werktags weniger belebt! Bereits vor dem Jahr 1500 Brauerei.

Burg in Aufseß oder Burg Greifenstein bei Heiligenstadt.

19 + 23

Gasthof Zur Linde
Erlanger Str. 11
8521 Hessdorf

☎ 09135/1204

I.: Willi Ackermann

🔒 -

6-1 Uhr (!!).

Ja (Wirtschaft geöffnet).

Bbg.: BAB Ausfahrt Möhrendorf, Dechsendorf nach Hessdorf.
Nbg.: Über Herzogenaurach/Beutelsdorf.
Von Dechsendorf kommend am Ortseingang an Abzweigung nach Herzogenaurach.

P Vor Gasthof bzw. in Membacher Straße.

i Wirtschaftsgarten.
Schattig/sonnig im Hof unter Linde bzw. in kleinem Holzhaus.
Klapptische/Bänke.
Direkt an verkehrsreicher Durchgangsstraße.

Zugang zur Straße.

Bedienung.

Georgenbräu/Kraus/Tucher.

Nein.

Mittleres Angebot (Hausmacher). Auch Kaffee und Kuchen.

Umfangreiche Karte. Kindermenues. Fränkische Spezialitäten.

S Ca. 50 Plätze.
Seit 1917 bestehend.

T Radtouren von Erlangen aus.

NOTIZEN:

GASTHOF BRAUEREI
PENNING ZEISSLER

Brauerei Penning-Zeissler

8551 Hetzelsdorf 9

☎ 09194/252

I.: Karl Penning

Dienstag

9-22 Uhr.

Ja (Wirtschaft geöffnet).

B 470 über Forchheim/Pretzfeld. Dort rechts ab. Nach Ortsende rechts Richtung Hundshaupten abbiegen. Wirtschaft ca. in Ortsmitte gegenüber der Kirche.

P Im Wirtschaftshof bzw. an Ortsstraße.

i Wirtschaftshof. Schattig/sonnig unter Kastanien auf Terrasse über Straße (wenig Durchgangsverkehr). Tische, Stühle und Bänke.

Terrasse umzäunt.

Bedienung.

Eigenbräu (im Mai empfehlenswertes Bockbier!).

Nein.

Kleines Brotzeitangebot (Hausschlachtung). Tellersülze.
Sa. + So. auch Kaffee und Kuchen.

Tageskarte.

S Ca. 80 Plätze (Wirtschaft ca. 100).
Brauerei bereits vor 1820 bestehend.

T Tierpark in Hundshaupten.

NOTIZEN:

Gasthaus Schwarzer Adler
Hauptstr. 12
8524 Hetzles

☎ 09134/5131

I.: Joh. Holzmann

Dienstag

10-0 Uhr.

Ja (Gasthaus geöffnet).

Erlangen/Neunkirchen a. Brand. Links ab Richtung Effeltrich, kurz danach rechts ab nach Hetzles. Gasthaus ca. in Ortsmitte, rechts.

P An Ortsstraße.

i Schattig/sonnig unter Linde im Wirtschaftshof.
Klapptische/Stühle.
Gasthaus = hübsches Fachwerkgebäude!

Zur Straße hin teils eingezäunt.
Schaukel + Rutschbahn.

Bedienung.

Vasold + Schmitt/Neunkirchen.

Ja.

W.: Kleine Brotzeiten. An Wochenenden mittleres Angebot. (Hausschlachtung).

Tageskarte sowie auf Bestellung (z.B. Ente).

S Ca. 100 Plätze je nach Bestuhlung.
Erbaut 1765. Gasthaus bereits seit über 100 Jahren.

T Hetzles ist als Dorf sehenswert (Fachwerkhäuser!).
Kath. Pfarrkirche St. Laurentius.
Wandergebiet Hetzleser Berg.
In Effeltrich sehenswert: Wehrkirche St. Georg.

NOTIZEN:

Waldschänke am Streitbaum
Werner Weber
8524 Hetzles

☎ 09134/1327

I.: Hans Weber

Mo.-Sa.

Sonn- und Feiertags 10-21 Uhr (ganzjährig geöffnet). Auf Anmeldung auch Fr. + Sa. bzw. nach Absprache.

Nein.

Erlangen/Neunkirchen a. Brand. Links ab Richtung Effeltrich, kurz danach rechts ab nach Hetzles. Ort geradeaus durchfahren. Nach ca. 2,5km. Waldschänke.

Waldparkplatz in Wirtschaftsnähe.

Meist sonnig auf Waldlichtung (Mischwald).
Wirtschaftsgebäude.
In Nähe eines Sportflughafens.

Kein Durchgangsverkehr.

Selbstbedienung/Bedienung.

Vasold + Schmitt/Neunkirchen.

Möglich.

Einige Brotzeiten. Auch Kaffee und Kuchen.

Kleine Speisen (auf Bestellung auch Spanferkel, Haxen usw.).

Bis 500 Plätze. 100 unter Pergola. 80 in Wirtschaftsgebäude.
Seit 1950 bestehend. Bekanntes Ausflugsziel.
Streitbaum vor ca. 300 Jahren nach Beilegung von Grenzstreitigkeiten gepflanzt (in Wirtschaftsnähe).

Wandergebiet Hetzleser Berg. Flugplatz.
Auf Berghöhe Blick zum Walberla.
In Effeltrich sehenswert: Wehrkirche St. Georg.

Weber's Keller

Gasthaus Weberskeller
Kellerberg 22
8552 Höchstadt/Aisch

☎ 09193/8395

I.: Linsner-Weber

Donnerstag

11-14, 17.30-22 Uhr
(ca. August Betriebsferien).

Ja (Wirtschaft geöffnet).

Aus Ortszentrum Richtung Mühlhausen/Autobahn. Vor Ortsende an Steigung links (Hinweisschilder).

P Großer Parkplatz unterhalb des Wirtschaftsgebäudes.

i Als Wirtschaftsgarten geführt.
Schattig unter Laubbäumen am Kellerberg über Höchstadt.
An Durchgangsstraße gelegen.

Garten umzäunt.

Bedienung.

Brauhaus Höchstadt.

Nein.

Mittleres Angebot (Hausschlachtung).

Tageskarte. Karpfen in Saison.

S Ca. 200 Plätze je nach Bestuhlung (Wirtschaft ca. 100 + 400).
Lagerkeller 1783 erbaut (noch unter dem 1912 fertiggestellten Wirtschaftsgebäude bestehend).

T Kath. Pfarrkirche St. Georg. Stadtbefestigung. Schloß.
Heimatmuseum.

NOTIZEN:

auerei-Gasthof Pöhlmann

Brauerei-Gasthof Pöhlmann
Haus Nr. 11
8551 Hundshaupten

☎ 09197/277

I.: Walter Pöhlmann

🔒 -

W.: 17-23, Sa/So. ab 9-23 Uhr.

Ja (Wirtschaft geöffnet).

Von Forchheim über B 470, nach Pretzfeld abbiegen. Im Ort Richtung Hundshaupten abbiegen (ausgeschildert). In Hundshaupten an Kreuzung vor Tierpark.

Vor Wirtschaftsgebäude.

Schattiger Wirtschaftsgarten unter Linden (klein, aber gemütlich). Tische/Stühle.

Garten umzäunt.

Bedienung.

Eigenbräu (dunkles Bier).

Möglich.

Mittleres Angebot (Hausschlachtung).

Nein.

Ca. 50 Plätze (Gastraum 40).

Tierpark. Schloß Hundshaupten.

NOTIZEN:

zum FELSENKELLER

Zum Felsenkeller
Walter Sussner
8501 Kalchreuth

☎ 0951/560868*

I.: Walter Sussner

Mo.-Fr.

Sa., So. + F. ab ca. 10 Uhr.

Ja.

Von Nürnberg/Neunhof kommend ca. 500m. vor Ortsbeginn rechts (links Sportgelände). Feldweg-Zufahrt. Fahne gehisst, wenn Keller geöffnet.

Wiesenparkplatz ca. 100m. vor Keller.

Schattig unter alten Laubbäumen bzw. sonnig auf vorgelagerter Wiese. Schöne Lage. Ursprünglicher Keller. Vor allem an sehr heißen Sommertagen empfehlenswert!
Auf mehreren Terrassen in Hohlweg angelegt.
Feste Holztische/Bänke (bzw. Garnituren auf Wiese).
Sehr ruhige Lage abseits vom Straßenverkehr.

Straße weit entfernt.

Selbstbedienung.

Kitzmann/Erlangen.

Ja.

Kleines Brotzeitangebot.

Nur bei Festen Grill: Bratwürste etc.

Ca. 500 Plätze je nach Bestuhlung.
Kellerhaus Inschrift 1865.
Beliebtes Radlerziel.

Evangelische Pfarrkirche sehenswert.
Kirschengegend!

NOTIZEN:

An dieser Stelle fehlt ein Keller

Mehrere Monate habe ich unsere traumhaft schöne Heimat "abgegrast" und selbst in verstecktesten Winkeln geforscht, um Keller oder Biergärten aufzustöbern. Über 2.000 km sind auf diesen Entdeckungsreisen schließlich zusammengekommen. Dennoch bin ich mir fast sicher, nicht alle Traumstätten für Keller-Liebhaber gefunden zu haben.

Hinzu kommt, daß nach Redaktionsschluß dieses Bandes hoffentlich viele neue Gärten öffnen und dies nur im Ortsbereich kundtun.

Daher rufe ich alle

Kellergänger + Forschernaturen

(oder auch alle aktiven Kellerwirte) auf, mir in diesem Band nicht enthaltene Lokalitäten zu melden.

Alle Absender von "Erstmeldungen" (Keller oder Biergärten, die mir noch nicht bekannt sind) erhalten die Neuauflage meines nächsten "Kellerführers II"

gratis,

sofern der gemeldete Biergarten/Keller bewirtschaftet ist und dem Rahmen dieser Broschüre entspricht. Ausserdem wird unter allen Einsendern eine zünftige Kellerbrotzeit für eine Familie (bis 6 Angehörige) verlost, die auf einem Keller Ihrer Wahl einlösbar ist.

Forschen Sie mit!

Für Ihre Mitarbeit danke ich Ihnen bereits im voraus.

Ihr *Peter Sem*

Meldungen bitte an Peter Sem-Verlag, Lange Str. 18, 8600 Bamberg.

Gasthaus Sponsel*
Hauptstr. 45
8551 Kirchehrenbach

☎ 09191/94448*

I.: Fritz Sponsel

Mo/Di.

Mi.-Sa. ab ca. 16-22 Uhr.
So./F. ab ca. 13-22 Uhr.

Ja.

Von Forchheim über B 470. In Reuth rechts ab nach Wiesenthau. Dort links nach Kirchehrenbach. Keller bereits vor Ortsbeginn rechts (Fahne gehisst, wenn geöffnet).

P Großer Wiesenparkplatz (teils befestigt) unterhalb Keller.

i Schattig/sonnig auf Terrasse unter Laubbäumen.
Fachwerk-Kellerhaus. Feste Tische/Bänke.
Ruhige Lage (Straße ca. 100m. entfernt).
Schöner Blick zum Walberla.

Felder angrenzend. Straße weitab.

Bedienung.

Leikeim/Altenkunstadt.

Ja.

Mittleres Angebot (Hausmacher-Brotzeiten/Holzofenbrot).

Nur auf Bestellung: Schäufele bzw. Speisen vom Grill).

S Ca. 200 Plätze (Gastraum ca. 60).
Lagerkeller (40m. im Sandstein) ca. 1820 erbaut. Kellerhaus seit 1920.

T Fußweg zum Walberla.
Kath. Pfarrkirche St. Bartholomäus.

NOTIZEN:

Laufer Keller
Lauf Nr. 16*
8555 Lauf

☎ 09195/1558*

I.: Helmut Fischer

Mo.-Sa.

Sonn- und Feiertags ab 13 Uhr.

Ja.

Von Eggolsheim über Neuses/Hallerndorf. Rechts nach Weppersdorf abbiegen und nach Lauf fahren. In Lauf links Richtung Aisch abbiegen. Nach Ortsende rechts ab Richtung Waldrand. Fahne gehisst, wenn Keller geöffnet.

P Wiesenparkplatz unterhalb des Kellers.

i Schattig unter alten Laubbäumen.
Tische/Bänke. Sehr ruhige Lage.
Schön gelegen mit herrlichem Blick über Aischgrund.

Kein Straßenverkehr.
Kleiner Spielplatz mit Schaukel/Rutschbahn.

Selbstbedienung.

Brauhaus Höchstadt.

Ja.

Mittleres Angebot.

Nein.

S Einige 100 Plätze/je nach Bestuhlung.
Bereits seit vorigem Jahrhundert bestehend.

T Beliebtes Radlerziel.

NOTIZEN:

Goldner Stern.
Hotel

Hotel Goldner Stern
Marktplatz 6
8551 Muggendorf

☎ 09196/204

I.: Angelika Martin

🔒 -

8-24 Uhr.

Ja (Hotel geöffnet).

An B 470 über Forchheim/Ebermannstadt/Streitberg.
Im Ort nach scharfer Rechtskurve auf rechter Straßenseite.

Vor Hotel.

Halbschattig unter Laubbäumen. Sonnenschirme.
Direkt an verkehrsreicher Bundesstraße.

Zur Straße hin offen.

Bedienung.

Maisel/Bayreuth.

Nein.

Mittleres Angebot.

Reichhaltige Karte.

Ca. 100 Plätze.

Evangelische Pfarrkirche.
Beliebtes Ausflugs- und Wandergebiet.

NOTIZEN:

X

Kohlmanns Garten
Lindenberg 2
8551 Muggendorf

☎ 09194/201

I.: Fritz Wehrfritz

Di. 13.30-18 Uhr

8-22 Uhr.

Ja (Wirtschaft geöffnet).

An B 470 über Forchheim/Ebermannstadt/Streitberg.
Nach Ortsmitte links an Abzweig nach Engelhardsberg.

P Im Ort. Wenige Stellplätze direkt vor Lokal.

i Schattig unter Laubbäumen bzw. sonnig.
Auf Terrasse über Bundesstraße.
Schöner Blick ins Wiesenttal.

Garten umzäunt. Zugang durch Gasthaus. 1 Seiteneingang.

Bedienung.

Leikeim/Altenkunstadt. Glossner/Neumarkt.

Möglich.

Mittleres Angebot.

Mittleres Angebot (auch Forellen).

S Ca. 80 Plätze (Lokal ca. 100).
Bereits vor 1720 bestehend.
Im Garten "Richard Wagner-Linde" (war 1879 Hausgast).

T Evangelische Pfarrkirche.
Beliebtes Ausflugs- und Wandergebiet.

NOTIZEN:

besucht: 9.4.2004
16.5.2004
30.7.2006

Waldschenke
Coca-Cola

Zur Waldschänke
Fritz Langgut
8552 Nackendorf

☎ 09193/1088

I.: Fritz Langgut

Dienstag

9-21 Uhr.

Ja (Wirtschaft geöffnet).

Von Höchstadt/Aisch Richtung Mühlhausen/Autobahn.
Am Ortseingang von Nackendorf links.

Hausparkplatz.

Halbschattig/sonnig unter Laubbäumen.
Klapptische/Stühle bzw. Bänke.
Direkt an Durchgangsstraße.

Garten von Hecke umgeben.

Bedienung.

Brauhaus Höchstadt.

Ja.

Ausreichendes Angebot (Hausschlachtung).

Tageskarte.

Ca. 30 Jahre bestehend.

Kapelle.

NOTIZEN:

besucht: 9.4.2004
16.5.2004
20.7.2006

Felsenkeller
Röttenbacher Str. 14
8555 Neuhaus

☎ 09195/7864*

P.: Günther Paulus

Mo./Di.

Mi.-Fr. ab 17 Uhr.
Sa. ab 15, So. + F. ab 10 Uhr.

Ja.

Über B 470 nach Adelsdorf. Nach Neuhaus abbiegen. 1. Straße links (Dr. Jaeckel-Straße). Links in Röttenbacher Straße fahren. Von dieser links Richtung Wald (Hinweisschild). Keller nach ca. 500 m.

Waldparkplatz vor Keller.

Schattig auf Terrasse unter Laub- und Nadelbäumen.
Tische/Bänke. Waldhütte über altem Lagerkeller.
Alte Kegelbahn noch in Betrieb.
Sehr ruhige Lage abseits vom Straßenverkehr.

Kein Straßenverkehr.

Selbstbedienung (Essen). Bedienung (Getränke).

Löwenbräu/Neuhaus.

Ja.

Mittleres Angebot.

So. kleine Karte (Bratwürste/Kassler).

Ca. 250 Plätze (50 im Gastraum).
Lagerkeller von 1601.

Schloß (Baron von Crailsheim) mit Graben.
Ev. Kirche.
Wanderweg nach Röttenbach.

Gasthaus Gumbrecht
Hans Gumbrecht
8521 Obermembach 6

☎ 09135/3140

I.: Hans Gumbrecht

-

9-23 Uhr.

Ja (Wirtschaft geöffnet).

BAB Ausfahrt Erlangen West, rechts nach Hessdorf. Am Ortsbeginn links Richtung Membach. In Untermembach Richtung Mittel- und Obermembach abbiegen. Geradeaus bis Gasthaus.

In Wirtschaftsnähe.

Schattig unter Nussbaum bzw. sonnig auf Wiese.
Klapptische/Stühle. Alter Backofen im Garten.
Hübsche Lage auf Wiese über Fischteich in Waldnähe.
Ruhige Lage (kein Durchgangsverkehr).

Kaum Verkehr.
Viele Schwalbennester am Haus.

Selbstbedienung.

Tucher/München.

Ja.

Mittleres Angebot (Hausschlachtung, Brot und Butter aus Eigen erzeugung). Bratwurstsülze.

Do. Schlachtschüssel (Karpfen in Saison).

Plätze je nach Bestuhlung. Gastraum 40 Plätze.
Seit ca. 100 Jahren bestehend.

Beliebtes Radlerziel.
Wanderwege.

NOTIZEN:

Gemeinde Pretzfeld*
Gemeindeverwaltung
8551 Pretzfeld

☎ 09194/8146*

I.: -

🔒 -

Fr.-Mi. Tagesprogramm.

Nein.

Von Forchheim über B 470. Nach Reifenberg rechts ab nach Pretzfeld. Im Ort links ab nach Ebermannstadt. Nach Ortsende auf Anhöhe rechts zu den Parkplätzen abbiegen. Ca. 200m. Fußweg zu den Kellern.

Große Parkplätze.

Schattig/halbschattig unter Bäumen im Kellerwald.
Klapptische/Bänke.
Volksfestbetrieb mit Fahrbetrieben.

Abseits vom Straßenverkehr.

Unterschiedlich.

Verschiedene Brauereien.

Möglich.

Unterschiedlichste Brotzeiten etc.

Diverse Angebote.

Das auf Privatinitiative entstandene Kirschenfest hat längst seinen festen Platz im Volksfestkalender der Fränkischen Schweiz. Es findet alljährlich ca. Mitte Juli im Kellerwald ausserhalb von Pretzfeld statt. Sehenswert sind die vielen im Sandstein vorgetriebenen Lagerkeller, die sich allesamt in Privatbesitz befinden.
Die Gemeinde gibt ein Festprogramm heraus.

Schloß. Kath. Pfarrkirche St. Kilian.

Felsenkeller
Landgasthaus
8551 Reifenberg 14

☎ 09194/8012

I.: Katharina Harrer

🔒 -

14-ca. 22 Uhr.

Ja (Wirtschaft geöffnet).

Von Forchheim über B 470 Richtung Ebermannstadt. Nach Weilersbach links ab nach Reifenberg. Auf Hauptstraße verblei ben. Am Ortsende rechts.

P Kleiner Hausparkplatz.

i Halbschattig/sonnig unter Laubbäumen auf Terrasse.
Tische/Stühle.
Sehr ruhige Lage abseits vom Verkehrslärm.
Reizvolle Hanglage mit schönem Blick über das Wiesenttal!

Zum Hang umzäunt.

Bedienung.

Eku/Kulmbach.

Möglich.

Ausreichendes Angebot (Hausschlachtung).

Sonntags und auf Bestellung (z.B. Schäufele aus Holzback-ofen).

S Ca. 80 Plätze (Wirtschaft ca. 100).
Alter Sandstein-Lagerkeller.
Wirtschaft seit 1952 bestehend.

T Kath. Kapelle (sog. "Vexierkapelle"). 10min. Fußweg.

NOTIZEN:

Reifenberger Keller
Georg Kemmerth
8551 Reifenberg 14

☎ 09194/1408*

I.: G. Kemmerth

🔒 -

🕘 W.: Ab 17 Uhr.
So. + F.: Ab 10 Uhr.

☼ Ja.

🚗 Von Forchheim über B 470 Richtung Ebermannstadt. Nach Weilersbach links ab nach Reifenberg. Auf Hauptstraße verbleiben. Am Ortsende nach Wegkreuz ca. 50m. Fußweg zum Keller.

P Unterhalb einer Scheune bzw. im Ort.

i Ursprünglicher Keller. Kleiner Pavillion. Holzhütte.
Bierausschank direkt aus Lagerkeller.
Schattig unter alten Laubbäumen.
Klapptische/Bänke.
Am Hang über Reifenberg. Teils reizvoller Blick ins Wiesenttal!
Sehr ruhige Lage abseits vom Straßenverkehr.

Schaukel und Rutschbahn in Felsennische über Kellerniveau.
Zum Steilhang hin einfacher Holzzaun.

Selbstbedienung.

Greif/Forchheim.

Ja.

Kleines Angebot.

Freitags Grill (auch Makrelen).

S Ca. 200 Plätze (Holzhütte ca. 45 Plätze).
Felsenkeller vor ca. 200 Jahren erbaut.
Seit 1985 wieder bewirtschaftet.

T Kath. Kapelle (sog. "Vexierkapelle"). 10min. Fußweg.

BRAUEREI SAUER

Brauereigasthof Sauer
Hauptstr. 45
8551 Röttenbach

☎ 09195/1264

P.: Michael Kastl

Samstag

So.-Fr. 13-24 Uhr.

Ja (Wirtschaft geöffnet).

Bbg.: Forchheim über B 470 Richtung Höchstadt. Nach Oesdorf links Richtung Hemhofen/Röttenbach abbiegen.
Nbg.: Über Baiersdorf nach Röttenbach.
In Ortsmitte links.

Im Hof.

Schattig unter Laubbäumen.
Tische/Bänke.
An Durchgangsstraße.

Garten umzäunt.
Anmerkung: Seit 1928 ständig belegtes Storchennest auf Schornstein (ab Mai bis Ende Juni).

Bedienung.

Eigenbräu.

Ja.

Ausreichendes Angebot.

Nur in Wirtschaft kleine Karte (auch griechische Speisen).

Ca. 130 Plätze.
Seit 1790 im Besitz der Familie Sauer.

Kath. Pfarrkirche St. Mauritius.

NOTIZEN:

Brauerei Witzgall*
Schlammersdorfer Str. 17
8551 Schlammersdorf

☎ 09545/7452*

I.: Helmut Witzgall

Mo.-Sa.

Nur sonntags ab 14 Uhr.

Ja.

Über B 173. In Neuses Richtung Adelsdorf abbiegen.
Vor Ortsbeginn von Schlammersdorf in langgezogener Kurve links.

Wiesenparkplatz neben Keller.

Schattig unter alten Laubbäumen.
Tische /Bänke. Kellerhaus mit Gastraum.
Direkt an Straße gelegen.

Zur Straße hin offen.

Selbstbedienung.

Eigenbräu.

Ja.

Kleines Angebot. Teils auch Kaffe und Kuchen.

Kleine Speisen.

Ca. 200 Plätze je nach Bestuhlung (Gastraum ca. 60).
Bereits vor 1900 bestehend.

Kath. Kirche Zur Kreuzerhöhung.

NOTIZEN:

Gasthaus Lauberberg
Sterpersdorf 26
8552 Post Höchstadt

☎ 09163/481

I.: Michael Bessler

Dienstag

9-ca. 22 Uhr.

Ja (Wirtschaft geöffnet).

Von Höchstadt auf B 470 Richtung Neustadt. Links ab nach Sterpersdorf. Orts Richtung Weidendorf durchfahren. Vor Weidendorf links ab (Schild "Antoniuskapelle").

Hausparkplatz im Hof.

Meist sonnig unter Obstbäumen.
Klapptische/Bänke.
Auf Anhöhe über dem Aischgrund gelegen.
Ruhige Lage abseits vom Straßenverkehr.

Hof teils umschlossen.
Schaukel. Sandkasten.

Bedienung.

Brauhaus Höchstadt.

Nein.

Mittleres Angebot.

Tageskarte. Auch auf Vorbestellung.

Ca. 100 Plätze (120 in Wirtschaft).
Seit 1959 bestehend, 1980 erweitert.
Alter Brunnen im Hof. Inschrift "dieser alte Ziehbrunnen wurde Anno 1662 durch hartes Felsengestein in Frohnarbeit erbaut..".
Bekanntes Ausflugsziel. Wandergebiet.

Antoniuskapelle im Wirtschaftshof.

NOTIZEN:

Roppelts Keller
Georg Roppelt
8551 Stiebarlimbach

☎ 09195/7263*

I.: Georg Roppelt

Dienstag

W.: Ab 16/17 Uhr.
Sa. Ab 15, So. + F. ab 13 Uhr.

Ja.

Bbg.: Sassanfahrt/Schnaid/Stiebarlimbach.
Nbg.: Forchheim/Neuses/in Willersdorf rechts ab.
Von Willersdorf aus Richtung Sassanfahrt rechts. Im Ort zu den Fischteichen hin rechts (am Waldrand).
Fahne gehisst wenn Keller geöffnet (von Straße sichtbar).

Parkplatz unterhalb des Kellers.

Schattig unter Laubbäumen bzw. sonnig auf Wiese.
Feste Tische/Bänke bzw. Klapptische/Bänke.
Hübsches Fachwerk-Kellerhaus. Bach unterhalb.
Sehr ruhige Lage an Hang des Kreuzberges.

Gemeindespielplatz ca. 200m. unterhalb.

Selbstbedienung.

Eigenbräu.

Ja.

Mittleres Angebot. Auch Kaffee + Kuchen.

Nein.

Alter Lagerkeller, vor kurzem modernisiert.
Direkter Weg zum Kreuzberg. Wandergebiet.

Wallfahrtskirche Kreuzberg.

NOTIZEN:

Binghöhle
Binghöhle

Hotel-Gasthof Schwarzer Adler
Dorfplatz 7
8551 Streitberg

☎ 09196/630

I.: G. Ganzmann

🔒 -

9-22 Uhr.

Ja (Gasthof geöffnet).

Auf B 470 aus Richtung Ebermannstadt kommend: Links ab nach Streitberg. In Ortsmitte hinter Sterns Posthotel.

P Im Ortsbereich in Hotelnähe.

i Halbschattig unter Laubbäumen.
Klapptische/Bänke.
An Ortsstraße.

Umzäunt, Eingang offen.

Bedienung.

Brauhaus Höchstadt.

Nein.

Mittleres Angebot. Auch Kaffee + Kuchen.

Reichhaltige Karte.

S Ca. 150 Plätze (Gasthof ca. 30).
Älteste Gaststätte Streitbergs (seit 1507).
Bekanntes Ausflugslokal.

T Binghöhle (an Aufgang zur Höhle gelegen).
In Nachbarschaft Schnapsbrennerei (mit Probierstube).
Burgruine Streitberg. Im Wiesenttal Burgruine Neideck (eines der Wahrzeichen der Fränkischen Schweiz).
Ausflugs- und Wandergebiet!

NOTIZEN:

Zum Biergarten

Sterns Posthotel
Dorfplatz 1
8551 Streitberg

☎ 09196/579 + 585

I.: Siegmund Martin

🔒 -

10-24 Uhr.

Ja (Hotel geöffnet).

Auf B 470 aus Richtung Ebermannstadt kommend: Links ab nach Streitberg. In Ortsmitte gelegen.

P Gästeparkplatz.

i Halbschattig unter alten Laubbäumen bzw. sonnig.
Feste Tische/Bänke bzw. Klapptische/Stühle.
Gartenlaube.
An Ortsstraße.

Zugang zur Straße offen.
Klettergerüst mit Schaukel.

Bedienung.

Maisel/Bayreuth.

Möglich.

Mittleres Angebot.

Tageskarte.

S Ca. 150 Plätze, Gartenlaube ca. 30. Hotel ca. 200.
Seit ca. 1950 bestehend. Im Haus Probierstube einer Schnapsbrennerei.

T Binghöhle. Burgruine Streitberg. Im Wiesenttal Burgruine Neideck (eines der Wahrzeichen der Fränkischen Schweiz).
Ausflugs- und Wandergebiet!

Burggaststätte
Schloßberg 80
8551 Waischenfeld

☎ 09202/636

P.: Otto Söllner

Montag

Ab 10-24 Uhr.

Ja (Wirtschaft geöffnet).

Anfahrt über Hollfeld bzw. über Ebermannstadt.
In Ortsmitte Auffahrt zur Burg (beschildert).

Wiesenparkplatz in Burgnähe.

Halbschattig unter Bäumen im Burghof.
Klapptische/Bänke.
Sehr ruhige Lage abseits vom Verkehrslärm.

Von Burgmauer umgeben. Kein Straßenverkehr.

Bedienung.

Leikeim/Altenkunstadt.

Nein.

Mittleres Angebot. Auch Kaffee + Kuchen (eigene Herstellung).

Mittagstisch.

Ca. 150 Plätze (im Lokal 50 + 100 im Saal).
Burggaststätte 1982 eingerichtet.
Vom Garten aus Zugang zu Aussichtsturm mit schönem Blick über Waischenfeld und das Wiesenttal.
Kegelbahn noch in Betrieb.

Burgmuseum/Galerie.
Im Burgbereich "Steinerner Beutel" (Gemeinde-Wahrzeichen).
Wandergebiet ringsum!

NOTIZEN:

Gasthaus
Zur
Grünen Linde

Zur Grünen Linde
Haus Nr. 9
8551 Wannbach

☎ 09194/4937

I.: J. Mühlhäuser

🔒 -

Ca. 8-22 Uhr.

Ja (Wirtschaft geöffnet).

Forchheim/Pretzfeld/Wannbach. In Ortsmitte, rechts.

Ca. 15 Stellplätze.

Halbschattig/sonnig unter Laubbäumen.
Klapptische/Stühle.
Direkt an Durchgangsstraße.

Garten umzäunt.
Im angrenzenden Garten "Federvieh".

Bedienung.

Zirndorfer Bier.

Möglich.

Kleines Angebot.

Nein.

Ca. 50 Plätze (36 in Wirtsstube).
Seit 1950 bestehend.

Tierpark Hundshaupten.

NOTIZEN:

Brauerei Pfister*
Eggerbach 22
8557 Weigelshofen

☎ 09545/297*

I.: Josef Pfister

Mo.-Fr.

Sa. + So. ab 12, F. ab 10 Uhr.

Ja.

Von Eggolsheim kommend Weigelshofen durchfahren. Am Ortsendeschild rechts auf Flurweg abbiegen. Auf asphaltiertem Weg bis zum Wald verbleiben. Vor Schranke parken. Kellerzugang über schmalen Waldweg (keine Hinweisschilder!).

P Parkplatz ca. 300m. vor Keller.

i Ursprünglicher Lagerkeller!
Schattig unter Laubbäumen bzw. sonnig auf Wiese.
In Hanglage über Talniveau.
Weiter Ausblick über Weigelshofen zum Schießberg.
Bierausschank direkt aus Lagerkeller. Fachwerk-Pavillion.
Sehr ruhige Lage fernab jeden Straßenverkehrs.

Wald + Felder angrenzend.

Selbstbedienung.

Eigenbräu.

Ja.

Mittleres Angebot.

Nein.

S Ca. 200/300 Plätze je nach Bestuhlung.
1859 Erlaubnis zum Kellerbau erteilt. Bierkeller bis 1939 benutzt. Früher Schützenstand.
Wiedereröffnung 1957.

T Wandergebiet "Lange Meile".

Konrad Schütz*
Forchheimer Str. 22
8551 Weilersbach

☎ 09191/9215*

I.: Konrad Schütz

🔒 -

Ab 16 Uhr.

Ja.

Von Forchheim auf B 470. An Kreuzung Weilersbach/Kircheh renbach links ab. In scharfer Rechtskurve am Ortsbeginn Vorfahrtsstraße geradeaus verlassen ("Am Annaberg"). Nach wenigen Metern rechts.

Parkplatz oberhalb des Kellers.

Alter Dorfkeller mit Kellerhaus. Unter Straßenniveau gelegen.
Schattig unter Laubbäumen (ideal für heiße Sommertage).
Klapptische/Bänke.
An wenig befahrener Ortsstraße.

Mauer zur Straße. 2 Eingänge.

Bedienung.

Brauhaus Forchheim.

Ja.

Kleines Angebot.

Nein.

Ca. 150 Plätze.
Alter Lagerkeller wird noch benutzt.
Vor 1900 erbaut. Früher Kiesgrube (!).

Wallfahrtskirche St. Anna.

NOTIZEN:

Gaststätte Hubert*
Weißenbacher Str. 33
8551 Oberweilersbach

☎ 09191/94729*

I.: Anna Hubert

-

Ab 16-22 Uhr.

Ja (teils jedoch auch bei schlechterem Wetter geöffnet).

Von Forchheim auf B 470. An Kreuzung Weilersbach/Kirchehrenbach links ab. Auf Hauptstraße bis Abzweig nach Oberweilersbach verbleiben. Weißenbacher Straße bergaufwärts, an Gaststätte Hubert vorbei Richtung Wald. Geradeaus in "Fräuleinsgarten" fahren. Keller im Wald links.

Unterhalb des Kellers.

Schattig im Laubwald bzw. halbschattig neben Kellerhaus, auf drei Terrassen angelegt.
Sehr ruhige Lage im Wald über Weilersbach.

Kein Straßenverkehr.

Bedienung.

Tucher/München, Maisel-Kellerbier.

Ja.

Mittleres Angebot.

Teils kleine Speisen vom Grill.

Ca. 120 Plätze (innen 60 Plätze).
Erweitert 1987.
Bewirtschaftung teils durch Ortsvereine.

Wandergebiet (lange Meile, Feuerstein). Weg zur Vexierkapelle über Reifenberg.

NOTIZEN:

Felsenkeller
Josef Utz
8555 Weppersdorf

☎ 09195/7360*

I.: Josef Utz

Ruhetag: Mo., Mi.-Fr.

Di. ab 16 Uhr. Sa. ab 15 Uhr.
So. + F. ab 13.30 Uhr.

Ja.

Bbg.: B 4 bis Neuses/Hallerndorf/Willersdorf nach Weppersdorf.
Nbg.: B 470 Richtung Höchstadt. Vor Adelsdorf rechts ab Richtung Hallerndorf bis Weppersdorf.
Von Adelsdorf kommend rechts ab (Hinweisschild "Felsenkeller Utz"-nebst Hinweis, ob geöffnet). Auf Feldweg Richtung Wald fahren. Ca. 1,5km. bis Keller.

P Waldparkplatz.

i Schattig unter Laub- und Nadelbäumen.
Kleines Kellerhaus. Tische/Bänke.
Sehr ruhige Lage fernab von Verkehrslärm.

Wippe + kleines Karussell.

Selbstbedienung.

Georgenbräu/Buttenheim.

Ja.

Mittleres Angebot (Hausschlachtung).

Dienstags ab 17 Uhr Kesselfleisch.

S Ca. 400 Plätze je nach Bestuhlung. Kl. Unterstand (20 Plätze).
Ca. 30m. langer Lagerkeller besteht noch.

T Schöne Wanderwege im Staatsforst. Ideal für Radtouren!

NOTIZEN:

ZUR
EISENBAHN
LÖWENBRÄU
BUTTENHEIM

Gaststätte Zur Eisenbahn
Bahnhof 1
8551 Wiesenthau

☎ 09191/94750

I.: H.K. Zametzer

Montag

9-23 Uhr.

Ja (Wirtschaft geöffnet).

Von Forchheim über B 470. In Reuth rechts ab nach Wiesenthau. An Kreuzung Richtung Kirchehrenbach. Nach wenigen Metern rechts.

Parkplätze an Haltepunkt der Bahn bzw. einige Plätze oberhalb der Wirtschaft.

Schattig unter Laubbäumen.
Klappstühle/Bänke + Tische.
Direkt an Straße gelegen.

Zugang zur Straße offen.

Bedienung.

Löwenbräu/Buttenheim.

Möglich.

Mittleres Angebot (Hausschlachtung).

Bratwürste. Zum Walberla-Fest + Kirchweih auch warme Speisen.

Ca. 100 Plätze (Wirtschaft ca. 80).
Seit 1896 bestehend.

Schloß. Kath. Pfarrkirche.
Wandergebiet zum Walberla.

NOTIZEN:

Schloß Wiesenthau
Biergarten
8551 Wiesenthau

☎ 09191/9073

P.: Ingo Schlicht

🔒 -

W.: Ab 17- ca. 22 Uhr.
Sa. ab 15, So. + F. ab 10 Uhr.

Ja.

Von Forchheim auf B 470 bis Reuth, dort rechts ab Richtung Wiesenthau. Im Ort ausgeschildert.

Innerhalb der Schloßmauern großer Parkplatz.

Sonnig im Innenhof des Schloßes.
Feste Holztische/Bänke.
Schöner Blick über das Wiesenttal.
Ruhige Lage abseits vom Verkehrslärm.

Innenhoflage.

Selbstbedienung.

Eku/Kulmbach.

Ja.

Kleines Brotzeitangebot. Auch Kaffee + Kuchen.

Gelegentlich Grill.

Ca. 200 Plätze.
Hausschnäpse.
Hin und wieder Jazzmusik.

Romantische Schloßweinstube (anderer Pächter). 40 Plätze.
Käsefondues und Spezialitäten.
Kerzenlichtabende bei klassischer Musik.
Reservierungen Mi.-So., ☎ 09191/96499 ab 17 Uhr.

Kellerwaldschänke
Kellerwaldweg 133
8551 Willersdorf

☎ 09195/3271

I.: Raimund Lunz

🔒 -

Mo.-Fr. ab 17-ca. 22 Uhr.
Sa./So./F. ab 13 Uhr.

Ja (Wirtschaft geöffnet).

Von B 4 in Neuses Richtung Adelsdorf abbiegen. Auf Umgehungsstraße von Willersdorf am Sportplatz links ab.

P Befestigter Parkplatz.

i Schattig unter Laub- und Nadelbäumen.
Klapptische/Bänke. Neuerbautes Wirtschaftsgebäude.
Sehr ruhige Lage abseits vom Straßenverkehr.
Teils schöner Blick über Fischteiche nach Willersdorf.

Großer Spielplatz mit Schaukel, Rutschbahn usw., lobenswert!

Selbstbedienung.

Georgenbräu/Buttenheim.

Ja.

Umfangreiches Angebot. Auch Kaffee und Kuchen.

Verschiedene Angebote, auch vom Grill (Steak, Fisch usw.).
Sonn- und Feiertags Spanferkel.

S Bis 1500 Plätze (innen ca. 50).
Bieranstich am 1.5.
Weitere Aktivitäten wie Sommernachts-Kellerfest (Juli) usw.
Alter Keller, kürzlich völlig umgebaut und erweitert.
Beliebtes Radlerziel.
Von Oktober bis April ebenfalls geöffnet. Di.-Fr. ab 17, Sa. + So. ab 14 Uhr (Mo. Ruhetag).

T Wanderwege im Staatswald. Ideal für Radtouren.

rei Rittmayer

Brauerei Rittmayer
Erwin Rittmayer
8551 Willersdorf 10

☎ 09195/2310

I.: Erwin Rittmayer

Ruhetag: Dienstag

11-14, 16-ca. 22 Uhr.

Ja (Wirtschaft geöffnet).

Von B 4 in Neuses Richtung Adelsdorf abbiegen. Von Umgehungsstraße nach Willersdorf abbiegen. In Ortsmitte.

Im Hof.

Wirtschaftsgarten unter Kastanienbaum.
Relativ ruhige Lage, kein Durchgangsverkehr.

Garten umzäunt.

Bedienung.

Eigenbräu.

Nein.

Ausreichendes Angebot.

Ja (auch Karpfensaison).

Ca. 150 Plätze (Wirtschaft ca. 200).
Seit 1422 in Familienbesitz.

Pfarrkirche St. Bartholomäus.

NOTIZEN:

Zeckerner Keller
Kellerstr. 14
8551 Zeckern

☎ 09195/4440*

P.: Anita Kaiser

Di. + Mi.

Mo., Do. und Fr. ab 17 Uhr.
Sa., So. und Feiertags ab 14.30-22 Uhr.

Ja (auch bei Kellerwetter nicht immer geöffnet).

Verschiedene Zufahrtsmöglichkeiten. Zeckern liegt zwischen der B 470 (Forchheim/Höchstadt) und Hemhofen. Nach Gärtnerei an Bahngeleisen links abbiegen.
Fahne gehisst, wenn geöffnet.

P Einige Stellplätze neben Gärtnerei.

i Ortskeller.
Schattig unter Laubbäumen auf Anhöhe über Zeckern.
Sehr ruhige Lage abseits vom Straßenverkehr.

Straße fernab. Rutschbahn, Schaukel, Sandkasten.

Selbstbedienung.

Sauer/Röttenbach.

Ja.

Kleines Angebot. So. + F. auch Kaffee und Kuchen.

Nein.

S Ca. 100 Plätze, je nach Bestuhlung.
Sandsteinkeller 1871 erbaut.

NOTIZEN:

Gasthof Fischer* ☎ 09502/7658*

8552 Zentbechhofen 10 I.: Willibald Fischer

Mo.-Sa.

Nur sonntags bei schönem Wetter
ab ca. 13 Uhr (anfragen!).

Ja.

Bbg.: Über Frensdorf/Herrnsdorf.
Nbg.: Forchheim/Adelsdorf/Aisch nach Zentbechhofen.
Im Ort Richtung Willersdorf fahren. Am Ortsende links (am Friedhof). Oberhalb des Friedhofes schmaler Fußweg zum Keller.

P Neben Friedhof.

i Schattig/sonnig unter Laubbäumen.
Leichte Hanglage über Talniveau. Klapptische/Bänke.
Relativ ruhige Lage oberhalb wenig befahrener Straße.

Straße ca. 50m. entfernt.

Selbstbedienung.

Krug/Stegaurach.

Ja.

Kleines Angebot.

Nein.

S Ca. 100 Plätze, je nach Bestuhlung.

T Kath. Kirche St. Leonhard und Katharina.

NOTIZEN:

Wanderungen

Aischgrund. Recht erstaunlich ist für mich, daß der landschaftlich reizvolle Aischgrund noch kaum für Wanderungen oder Radtouren "entdeckt" wurde. Liegt er doch im Großraum Nürnberg/Erlangen/Bamberg direkt vor der Haustür!

Fränkische Schweiz. Ganz im Gegensatz dazu wurde dieses Gebiet bereits im letzten Jahrhundert von Touristen und als Naherholungsgebiet entdeckt. Gerade am Wochenende ist das bei schönem Wetter leicht festzustellen. Auf vielen Wanderwegen abseits der Straßen gehts jedoch wesentlich ruhiger zu-probieren Sie's mal aus!

Feste

Walberla-Kirchweih	1. Sonntag im Mai auf der Ehrenbürg bei Kirchehrenbach.
Kreuzbergfest	1. Sonntag nach dem 3. Mai. Siehe unter "Hallerndorf-Berg".
Altstadtfest	Im Juni in Forchheim.
Sonnwendfeier	24. Juni in Waischenfeld.
Bürgerfest	Mitte August in Gößweinstein.
Altstadtfest	Mitte August in Ebermannstadt
Kürbisfest	1. Sonntag im Oktober in Muggendorf.

Sonstiges

DFS	Dampfbahn Fränkische Schweiz. Eisenbahnfahrten mit Triebwagen oder Dampflok durch das Wiesenttal. Abfahrtzeiten können bei der Bundesbahn erfragt werden. Auch Fahrten auf Bestellung möglich (z.B. für Firmenausflüge o.ä.). Auskünfte direkt bei der DFS, Ebermannstadt.
Dechsendorfer Weiher	Badespaß an heißen Sommertagen! Schwimmbad und Bootsverleih nebst sonstigem Freizeitvergnügen. Einkehrmöglichkeiten sind unter "Dechsendorf" beschrieben.

"BAMBERGER BIERKELLERDECKEL"

Trotz seines Namens sollte er auch zwischen Forchheim und Nürnberg verwendet werden dürfen? Egal, ob auf Maß oder Seidla (für Zugereiste: Liter bzw. halber Liter Bier)-er paßt und schützt wirkungsvoll gegen "Überraschungseinlagen" von oben. Dazu ist er "geschmacksneutral" (haben Sie schon bemerkt, welch muffiger Geschmack entsteht, wenn Sie einen Bierfilz als Abdeckung verwenden?).

Massives Holz, sauber verarbeitet und beschriftet. Mit "Kugelknopf" versehen. Lackiert. Derzeit **6,50 per Stück**. Unter meiner nachfolgenden Adresse oder im Versand (zuzüglich Porto und 1,- Verpackungsanteil) erhältlich. Ein ausgesprochen sinnvolles Geschenk für Kellergänger! Bestellungen erbeten an Peter Sem, Lange Str. 18, 8600 Bamberg.

NOTIZEN:

NOTIZEN:

NOTIZEN:

NOTIZEN: